お金を増やす「使い方」の極意

世界最強！

華僑のお金術

大城 太

集英社

目次

第2章

お金という道具を使いこなす

71

第3章 お金の運を引き寄せる

第4章 お金の器を広げる

第6章

お金で安心・安全を買う

はじめに

あなたは、お金を使う「技術」があることを知っていますか?

もし、あなたがお金のことで後悔することが多いなら、もしくはお金のことで不安を感じているなら、お金を使う技術、「お金術」を知らないからかもしれません。

「そういえばお金の使い方って、あまり教えてもらったことがないな」

「使わない努力はしているけど、使う努力はしていないな」

そんなあなたに本書でぜひ学んでいただきたいのが、お金の使い方について世界トップクラスの技術を持っている華僑のお金術です。

華僑といえばお金持ち。そのイメージは正しいです。

お金儲けをするために中国を離れ、外国でビジネスをして成功している(お金持ちになっている)のが華僑なのですから。うまくいかず逃げ帰った人は華僑には成り得ません。とはいえ、逃げ帰る人はごくわずかです。

高い確率でお金持ちになっているという事実も、華僑がお金儲けの達人といわれる所以なのです。

ただ、華僑がどのようにしてお金持ちになるかについては、少し誤解があるようです。多くの人は、華僑の「稼ぎ方」に秘訣があると思っています。ところが当の華僑たちは「稼ぎ方はわりとどうでもいい」と言います。

「稼いでも使い方を知らないなら、お金持ちには絶対になれないよ」

「お金の使い方がうまければ、お金儲けはカンタンだよ」

「稼ぐのはある意味カンタン、お金をどう使うかのほうが重要だし難しい」

「稼ぐ」と「使う」はセットなのですね。そして稼ぐ技術よりも使う技術のほうがハイレベルだということですね。

少なくとも私の知る華僑社会では、それが常識となっています。

ここで疑問が浮かんでくるかもしれません。

華僑はお金持ちだから、使えるお金があるから「使い方」にこだわるのでは？

お金持ちではない人には当てはまらないのでは？　と。

答えはノーです。華僑はもとからお金持ちではないのです。

多額の資本を武器に、初めから大きなビジネスを手掛ける華僑もいますが、大半は貧しく、生きていくために国外へ出た人たちです。

中国には今だに厳然とした階級社会が残っています。たとえトンビがタカを生んでもタカの仲間には入れません。いくら能力が高くても、富裕層ステージへの階段はないのです。そこで諦めず、たとえ片道分の渡航費しかなくても他の国で一旗揚げようと中国を出た華僑たちは、本当に貧乏な状態からスタートするしかありません。

私が弟子入りさせてもらった華僑のボスも、日本へ来た当時は貧乏留学生でした。ボスは上海でも格別の名家の子息なので事情は違いますが、当時は国外へ持ち出せるお金がごくわずかでした。

日本語もあまり分からなかったボスは、毎日講義が終わると朝方まで飲食店でアルバイトをしてお金を作ったそうです。

「人がお金を使っている間に、私はお金を稼ぐ。人が遊んでいる間に、私は勉強する。人より早く成功するのは当たり前ではないですか?」

それほどの努力をして作ったお金だからこそ、その価値を最大限に活かす「使い方」にこだわっているのです（ちなみに、お金持ちになった人は「守り方」という次の段階へ進みます）。

本書ではそんな華僑が磨き上げた、お金の使い方の技術を中心に紹介していきます。そのキモをシンプルに表すなら**「想定外を想定内にするための投資」**。

「想定外」はビジネスの大敵です。想定外の出来事への対処に追われていたら、儲ける動きが鈍くなってしまいます。

また人生全般においても、「想定外」が多い人ほどトラブルが多く、ストレスも多く、お金にも恵まれないものです。

逆にすべてが想定内であれば、何の心配もなくお金儲けに集中することができます。ですから華僑は、お金儲けだけでなく、リスクヘッジも含めて初めてビジネスになると考えています。そして日常のあらゆるシーン、あらゆるレベルで想定外をなくすための投資をしているのです。

本書は、身近なところから段階的に華僑のお金術をマスターできるように構成しました。

一つ一つマスターしていくことで、まず何となく消えていく〝死に金〟を使わなくなります。次に自分が使った（投資した）お金がどこへつながっているか、〝お金の線〟が見えてくるようになります。さらに線と線がつなぎ合わさって、いろいろな形で自分に利が回ってくるようになります。

目標としていただきたい到達点は、生活を揺るがすレベルの想定外をなくすことです。その手段として、最終章では、お金術の集大成ともいえる華僑の投資術を紹介します。

これらは私が華僑社会に踏み込み、ボスやパートナーや親しい華僑たちから見聞きして実践し、経験してきたことです。

華僑のように大金持ちになれるかどうかは分かりませんが、少なくともこの先、私自身、そして家族や仲間たちがお金に困ることはないでしょう。

さて、本書を書くにあたり、ボスに「華僑にとってお金とは何か？」という質問を投げてみました。

「お金は武器」。ひと言即答でしたね。

お金がなければ経済の戦争を戦えないのはもちろん、身も守れない。丸裸で戦場にいるようなものだと。確かに、お金はさまざまなリスクから身を守ってくれる護衛の武器にもなりますし、無用なトラブルを回避するための牽制の武器にもなります。

現在、社会の第一線で活躍している世代（私も含めて）は、平和な環境で生きてきているので、悪いこと＝想定外のことをあまり考えていません。

しかし、一見平和な日本も経済の面から見れば危険信号が点滅しています。危険に備えて一般人が唯一使える武器、それがお金なのですね。

経済に無関心な人も多いですが、自分に関係ないから無関心でいい？　そんなわけはありません。火の粉が降りかかってきてからでは遅いので、今日からでも華僑のお金術をマスターして、自分と大切な人を守る武器を手に入れていただきたいと思います。

大城太

序章

人生を変えた大物華僑との出会いと大切な教え

10年前、私のお金はただ消えていくだけだった

具体的な話に入る前に、私が華僑のボスに弟子入りしたエピソードをたどりながら、修業中にインパクトを受けた出来事や大切な教えをいくつか紹介します。

私は起業してちょうど10年目を迎えたところで、現在、医療機器関連を中心に国内外6つの法人のオーナー経営者となっています。

今でこそベンチャー投資や海外投資など、積極的に「想定外」をなくす動きをしていますが、サラリーマン時代は投資などとは無縁。興味はあったものの、月3万円の小遣いは全部飲み代に消えていました。

現在はお酒を一切やめましたが、当時は毎日飲み歩いていたのでクレジットカードも限度額いっぱいまで使い、まったくもって余裕のない状態。夫婦共働きでなければ3人の子どもをまともに育てることさえできなかったでしょう。

それでも、「いつか起業して金持ちになる」と思っていたので、まったく気にして

いませんでした。

ただ、華僑との出会いがなければ起業してもうまくいかなかったと思いますし、お金の使い方を改めることもなかったと思います。

サラリーマン時代の付き合いは、ほぼ会社関係。学生時代からの友人も皆サラリーマンですから、お金に関しての考え方は似たり寄ったりです。お金を使ってお金を生む、投資的なお金の使い方を教わる機会はありませんでした。

そんな私がそのまま起業してもうまくいく可能性はかなり低いだろうと、当時から分かっていました。

机はいらない、人はいる

例えば、あなたが起業をするとして想像してみてください（本書は起業本ではありませんので仮定的に）。

何にお金を使うでしょうか？　オフィスや什器、ＩＴ関連、営業車などを初期経費として考えるのではないでしょうか。

私の場合は医療機器の販売会社からスタートしましたので、まずショールームとして使える広めできれいな物件を借りようとしました。

しかし華僑のボスから「そんなもの必要ない、ワンルームマンションで十分」と言われたのです。

「立派な机もいらないでしょ。欲しいならゴミ置き場で拾ってきたらいい、車もいらない。絶対に必要なのは作業するアルバイト。これだけはケチったらダメ」

起業時は徹底的に節約して工夫で乗り切るべきだが、お金を生むことに直結する経費は惜しんではならない、ということです。ちなみにボスの事務所も応接コーナー以外は質素で、文房具類はぜんぶ100円ショップで購入したものです。

私は最初から人を雇うことなど考えていなかったので戸惑いましたが、すべてボスの指示に従いました。その結果、アルバイトと私の二人だけで初年度に年商1億円を達成することができたのです。

探し続けていたから「本物」に出会えた

ボスとの出会いは偶然ではありません。いつか起業すると決めていた私は、ずっと華僑にビジネスの師を探し求めていました。

世界の商魂民族、富豪の代名詞ともなっている華僑は、何か特別な商売をしているに違いない。秘密のノウハウももっているはずだ。それをぜひ教えてもらいたい。

そう考えて人づてに紹介を頼み、やっと出会えたのがボスです（本物にたどり着くまでにいろいろと寄り道をしましたが、それもよい経験になりました）。

ボスはまさに在日華僑のボス的な存在で、ボスの事務所は日本へやってくる中国人たちの駆け込み寺のようになっています。

華僑のコミュニティは、上海なら上海、福建なら福建と出身地ごとに分かれています。出身が違う者同士は通常あまり交流しないものですが、ボスのところへは中国全土から相談者がやってきます。おかげで私はたくさんの華僑や中国人と接触するチャンスを得ることができました。

弟子入りはダメ、でも会うのはOK

とはいえ、日本人である私をそう簡単に受け入れてくれるはずもありません。ボスに弟子入りを志願してから認めてもらえるまで、2年間かかりました。2年間断られ続けたわけですが、不思議なことにボスは私を門前払いにはしなかったのです。二、三度断った相手がまた来たら、会わずに追い返すのが普通ではないかと思うのですが、ボスは何度でも会ってくれました。

毎回、雑談をした後に「で、今日は何の用で来たの？」と訊かれ、弟子入りのお願いをすると「それは断る。帰って」。その繰り返しでした。

私と会ってもメリットなどないのになぜ会ってくれるんだろう？　疑問の答えは、後に知ることとなったボスの名言の中にありました。

お金があったらお金を取る
経験があったら経験を取る

お金も経験もなければ友だちになる

お金も経験もない、およそ役立ちそうにない相手（つまり当時の私）でも、切らずにとりあえず置いておけば、いつかは役に立つ時がくるだろう、と。

だから私の要望は聞き入れないが、会うのはＯＫだったのですね。

私も少しはお金や経験を取ってもらえるようになった今、ボスの長期的なものの見方に感服しています。

結局、弟子入りを許可してもらえたのは、ボスが与えた課題をクリアしたからです。その課題とは「自分でお金儲けをすること」。自分でお金を作ったことのない奴にいくら教えても無駄だから、という理由でした
それが唯一の突破口ですから私も必死です。会社勤めのかたわら、当時流行《はや》っていた情報販売を真剣にやってお金を稼ぎ、改めてお願いに上がりました。
私の成果を聞いたボスは弟子入りをあっさり快諾。「じゃあ明日から来い」と、その日のうちに事務所に出入りするための指紋認証を登録してくれました。

まずは身内から想定外をなくせ

弟子入りして数週間のうちに、私の願いを2年間聞き入れなかったボスの考えの深さ、その真意が分かってきました。

おそらくボスは、最初から私は使えると思っていたはずです。自分で言うのもなんですが、私は根性があり、行動力があり、ハングリー精神旺盛で、血の気が多く、ガムシャラを恥ずかしいと思わず、自己中心的で、完璧主義ではありません。要するに日本人ぽくなく、華僑社会になじみやすい性質を備えていたのです。

ただ、私には大きく欠落しているところがありました。それは家族、家庭を軽んじていたということです。

まとまった貯金もないくせに、安定したサラリーマン生活を捨てて華僑に弟子入りするなど、誰から見ても正気の沙汰ではありません。しかし私は、起業してお金持ちになれば家族だって得するのだから辛抱するのは当然だ、くらいに思っていました。

「弟子入りさせてくれるなら今すぐ会社を辞める。報酬はいらない」

「家には帰らない。事務所で寝泊まりして仕事をする」

覚悟のアピールのつもりでそんなことを言うたび、ボスからはあきれ顔で「家族はどうするの?」とたしなめられ、時にはきつく叱られました。

「アナタはアホですか。家族を大切にしない奴がビジネスで成功するはずがない」

その時、ボスは紙に大きく**「後院失火」**という文字を書き、説明してくれました。

後院失火についてはこれまで何度か著書やブログに書いているのですが、想定外をなくす上でも最も重要な教えなので紹介します。

後院失火を直訳すると、裏庭の火事。自分の後ろにある家庭に火種があれば、自分の前にいる敵と全力で戦うことができない、というような意味で使われています。

ボスは、一番の味方である家族を敵に回したら後ろから刺されるぞと、警告も込めてこの言葉を教えてくれました。確かに、身内のトラブルや裏切りはいちばん危険でやっかいな想定外ですね。

ボスは時間をかけて私のダメなところを矯正し、会社を辞めても私の家族が困らないように、自分で稼ぐ手段を確保させたのだと思います。

こだわりなく何でもやる&同時にやる

ボスの下での修業は、なかなかにハードでした。

街角でリアカーをひいて靴下を売ったり、初めての上海でコンテナに積まれた大量の衣類を仕分けしたり、中国の富裕層が欲しがる日本ブランドの品々を探し回ったり。債権回収もしましたし、不法占拠に関する交渉もしました（もちろん合法的に）。

できるかどうかはともかく、ボスから声がかかれば、真っ先に手を挙げて仕事を獲得していきました。

言葉の問題もあって壁にぶつかってばかりでしたが、めげるということはありませんでした。

なぜなら、ボスのところへ来る貧乏華僑たちがメキメキと力をつけ、すごいスピードでお金持ちになっていくのを目の当たりにしていたからです。

どう見ても冴えない、仕事ができないと思える人でさえ、月収100万円以上は当たり前。その上、不動産まで購入して賃貸収入も得ているのです。

国税庁の民間給与実態統計調査によると、当時の日本人の平均年収は約400万円。一般的に600万円を超えると生活が変わると言われています。サラリーマンを辞めたばかりだった私も、新しい世界が見たくて600万円超えのラインを目指していました。

ですが、華僑の勢いの渦中にいると、自分の目標はなんてスケールが小さいのだろうと、恥ずかしいような気持ちになったのを覚えています。

彼らがそれほど勢いよくお金を稼げる理由は二つあります。

一つは、どんな商売をするかにこだわりがないこと。「はじめに」でも少し触れましたが、本当に「稼ぎ方はどうでもいい」のです。何でもやる、しかも同時にやる。複数のお金の導線を引いているから短期間でお金持ちになれる。そのうちの一つや二つがダメになってもほかでカバーできる、つまり想定外にも対応できる。それが彼らの稼ぎ方のノウハウといえるものです。

詳しくは後述しますが、サラリーマンでもやり方さえ間違えなければ、「稼ぐのはカンタン」状態になれます。

自分は自分一人のものではない

もう一つは、お金儲けの目的が自分のためだけではないということ。では何のためか、といえば、「親や親族の面子《メンツ》」のためなのです。

中国人社会を動かす「面子」は、当の中国人や華僑も面倒くさいと思っていながら無視できない、という事情があります。

中国人社会ではどれだけお金持ちになっても、それだけでは立派だとは認められません。お金を手に入れたなら、親兄弟や親戚に回すのが先。少なくとも自分の家を建てる前に、親の家を建てなければ面子が立たないのです。

親に恩返しをしたいという気持ちはもちろん日本人にもありますが、まず自分優先で、自分の生活に余裕ができて初めて親に目が向くのが普通でしょう。中には、稼いでいるのに親には貧乏暮らしをさせている人さえいます。

そんなことをすれば、中国人社会では間違いなく白い目で見られ、友だちも遠ざかっていってしまいます。

特に華僑は、親族からお金を借りて国を出るケースも多いですから、しっかりと利子をつけて返すまでは、故郷の土を踏むことはできないのです。

さらに、ボスが言うには「我々は九族を背負っている」。九族とは9代の親族です。高祖父母・曽祖父母・祖父母・父母・自分・子・孫・曽孫・玄孫。自分が生きている間に会うことがかなわない先祖や子孫まで含まれているのがすごいですね。

封建時代の中国では、重罪を犯した者には本人だけでなく九族を皆殺しにする「族誅」が行われていました。その流れで、自分の人生は自分一人のものではない、という考え方が受け継がれているのです。

ボスの紹介で私のビジネスパートナーとなった宋はまだ20代の若者ですが、親族の面子を強く意識して行動しています。日本人の20代と比べてあまりにも大人びているので、時々彼が若いということを忘れてしまうほどです。

華僑や中国人は大変だなあと思いますが、そういった大義がお金儲けのスケールを広げていることは確かです。自分のためだけでないからこそ、お金儲けをする目的がブレず、意欲を失うことなく成功できるのだともいえますね。

うまくいくやり方は教えない

ボスは、気分が乗れば何時間でも華僑流の考え方を教えてくれました。そのすべてを記録したノートは、私にとって一生ものの教科書です。

ボスの教えの多くは、実践を伴って初めて理解できるものですから、聞いた時には「へー、そんなもんか」とか「なんじゃそりゃ?」だったのが、何年も後になって「なるほど!」に変わったということがよくあります。

起業後にミスをして大損を出してしまったのも、ボスの教えがまだ腑に落ちていなかったからです。痛い目にあったことで華僑流の考え方の真価がわかりましたし、すぐに立ち上がってより強くなることができました。

うまくいくやり方を教えない、というのもボスの教えの特徴です。

私に振った仕事に対してあれこれ指示を出さず、好きなようにやれと言って私が失敗するのを黙って見ていることも多々。これも当時はまったく理解できず、ボスは意地悪だとまで思っていました。でも今では大変感謝しています。

自分でビジネスを始めてから気づいたのですが、成功するやり方を学んでも、同じように成功するとは限らないのです。

うまくいった時というのは、必ず「運」の要素があるからです。成功者のやり方を真似たところで、人の運や時の運など同じ運がもたらされなければうまくいきません。

また資本主義というのは独占化・寡占化に進みます。うまくいった人のノウハウを自分が最初に聞ければよいですが、たいがいそうではないですね。3番目、4番目、5番目と後になるほど、うまくいく確率は低くなっていきます。

日本人は成功哲学や成功法則を学びたがりますが、華僑流は「失敗から学べ」です。ボスは自分の目が届く間（修業期間中）に、私自身に失敗を体験させてくれました。

一般的には、失敗から学ばせてくれる上司や会社は限りなく少ないですから、他人の失敗例に学ぶのが現実的ということになります。

成功した人より、失敗した人の話を聞きに行く。うまくいかなかった事例・方法を知って想定内にしていけばよいのですね。

矛盾しても気にしない

華僑の成功の理由については、よく「合理主義」という言葉で説明されています。私もこれまで著書やブログで合理的な華僑思考を紹介したことがありますが、実は一般的に言われる合理主義とはニュアンスが違うと思っています。

合理主義：すべてを理性的に解釈しようとし、合理的なもののみを認めようとする考え。（三省堂スーパー大辞林より）

アメリカの合理主義はまさにこの通りでしょう。科学的根拠のないものはアメリカでは認められませんし、何事も法律ありきです。人間同士のトラブルでも、人間的な判断が入る余地はほとんどありません。

華僑も非常に理性的ではありません。ただ、華僑が認めるのは科学的根拠ではなく、人間社会の本質です。ですから人間を無視してルールで決めようとはしません。すべてに当てはまるルールなどないのだから、その時々でお互い納得できるルールを作ればいいじゃないか。そういう感覚なのでいろいろと矛盾も出てきます。しかし彼らは一向に気にしていません。理屈を通すよりも実を取るほうがよいからですね。

可能性を限定しない柔軟な合理思考が私は好きですし、東洋思想がベースにある日本人に合っていると思います。


私はアメリカ流も好きで勉強していますが、アメリカは建国して300年に満たない歴史の浅い国ですから、まだまだ試行錯誤中で未完成な感じは否めません。またどうしても、目の前の得を取りに行く短期視点に偏りがちです。

5000年の歴史の中で受け継がれてきた華僑流は、目の前の損得ではなく人生という長いスパンで考えます。だからこそ「稼ぐ」と「使う」を切り離さないのです。

そんな華僑流は「今すぐ手っ取り早くお金を稼ぎたい」という人には歯がゆく感じられるかもしれません。ただ、華僑流を実践すればお金で損をするリスクが小さくなり、リターンの総額が大きくなることは間違いないでしょう。

アメリカ流か華僑流かなど、何か一つに絞る必要はありません。組み合わせてうまく使えばよいと思います。ただその場合に、必ず矛盾が出てきます。矛盾を気にせず前に進むためにも、華僑のお金術をぜひ実践してください。

第1章

お金を合理的に考える

財布にいつも10万円以上入れておこう
――華僑は大金を持ち歩く

まずは、お金を合理的に考えて使う習慣を身につけていきましょう。お金術を使うための基礎練習ですね。

最初は簡単。華僑の財布を真似る、それだけです。

華僑の財布ってどんなだろう？　きっと興味をお持ちだと思います。やはり何かしら縁起のよい財布を使っているのでは、と。

期待を裏切るようですが、華僑の財布は金色でもなく、龍や五芒星《ごぼうせい》の刺繍などもなく、長財布でなければ、といったこだわりもありません。

あえて共通点を挙げるならば、傷んだ財布は絶対に使わないということです。大事なお金を入れておくものですから、ボロボロの財布はもってのほか。いかにも安物な財布もよろしくありません。

かといって高級品であればあるほどよいというわけでもなく、収入に伴った値段の財布がよしとされています。

私のパートナーの宋が言うには「年収３００万円だったら3万円までの財布」。

外見だけ見栄を張って誤解されるのもリスクだからですね。

財布そのものを真似るなら、「うかつでない財布」を選ぶことです。


もっと大事なのは、財布の中身です。

あなたはいつも財布にいくらくらい入れていますか？　もし数千円とか数万円なら、10万円は入れるようにしてください。

序章で述べたように、華僑は節約すべきところは徹底的に節約します。でも彼らの財布には常に大金が入っています。サラリーマン華僑でも10万、20万円は普通に持ち歩いています。


彼らが大金を持ち歩く理由は二つ。

一つは「お金があるところにお金が入ってくる（逆に言えばお金がないところには入ってこない）」という中国5000年の考え方によります。先人の経験則に基づくのも、華僑的合理思考です。

もう一つは、やはり「想定外」を「想定内」にするためです。

中国では「部下が上司におごる」のが当たり前

日本では会社の上司と部下が食事に行く場合、たいていは上司がお金を払います。何名かで飲みに行く場合も、上司が多めに出してあとは割り勘というパターンがよくあると思います。部下におごらせるなんてカッコ悪いと、無理をしている人もたくさんいるでしょう。

一方、中国では部下が払い、上司には払わせないのが普通です。

上司は自分を引き上げてくれる大事な人だから、感謝と期待を込めて部下が払うのが当たり前。上司に払わせたら面子が立たない、という考え方なのです。

日本の管理職の方々は、うらやましい限りでしょうね。部下が多いほど自分のお金を使わずに済むのですから、出世の意欲も高まるというものです。

そういう慣習があるため、華僑や中国人の偉い人は財布を持ち歩きません。

宋のお父さんは財布を3つ持っていますが、外食時には一つも持って行かないのだそうです。私が宋の山東省の実家を訪れて家族と食事に行った時も、宋が全額支払っていました。

華僑が大金を持ち歩くのは、上司や目上の人をいつでも誘えるように、またいつ声がかかっても対応できるようにしておくためなのですね。

あなたが近づきたい上司や教わりたい上司を、さっそく今夜にでも誘ってみてはいかがでしょう。日本人同士で、部下が上司を接待すれば効果抜群です。

その際には「部下におごらせるのは恥ずかしい」という上司のメンタル面もしっかりフォローしてください。

「貴重なお時間をいただいたお礼として自分が払うのが当たり前です。ぜひ払わせてください」と頭を下げれば、必ず目をかけてもらえますよ。

ボスの下で修業をしていた頃、私は24時間態勢でボスからの突然の呼び出しに備えていました。

ボスからの電話を「チャンスのベル」と呼び、呼ばれたらすぐさま財布をつかんでダッシュ。駆けつけた先にはボスとボスの客人がいます。私は通常では会えないレベルの人を紹介してもらえて、食事代も支払わせてもらえるわけです。

2種類の涙が目からこぼれる、そんな日々でしたが、後々ボスが紹介してくれた人脈のおかげで窮地を脱したことが何度もありました。

チャンスを想定内にすればチャンスが舞い込む

財布に現金があったおかげで、得をしたこともあります。

問屋街をぶらぶらと歩いていた時、大量の自転車部品が目に入りました。よく見ると日本の有名メーカーの製品。これは中国で高く売れると算段して店主に掛け合ったところ、「買い手がついてるんだけど、今すぐ現金で払ってくれるんなら、先にあんたに譲るよ」と。その場で商談成立です。

想定外に備えるというよりも、「チャンスを想定内にする」ために準備をしておく姿勢が大切です。

「チャンスは想定内だ」と思っていると、今まで見えていなかったチャンスも脳が見つけ出すようになります。

「カラーバス効果」をご存知でしょうか？　「色を浴びる」の意味で、例えば「今日は赤がラッキーカラー」と言われると、赤ばかりが目につく。色だけではなく、意識していることほど目につき、関連する情報も入ってきやすくなるというのが「カラーバス効果」です。

チャンスも同じで、常にチャンスを意識している（想定している）人のもとへは、次々とチャンスが舞い込んでくるものなのですね。

お金に対する思考停止を解除しよう

――華僑は現金を使わない

私のパートナーである宋が言うには、「サラリーマンが10万円持ち歩くのはどうかなあ。無駄使いして、結局何にもならないじゃないですか？」

宋は医療機器メーカーの社長として、日本人社員のマネジメントもしています。

勤め人のお金感覚を知っているからこその心配なのですね。

心配されるまでもなく、無駄使い防止策として財布に余計なお金を入れない、という人も多いようです。

ある知人女性などは、強制的にお金を使えないようにして貯金にいそしんでいます。

彼女の財布に入っているのは、一日分の生活費である２０００円の現金とクレジットカードが一枚。カードは非常用で、支払いは現金が基本とのこと。

節約術としては正しいかもしれませんが、別の見方をすれば、考えることを放棄しているともいえます。

思考と行動のズレが頭をフリーズさせる

お金を使えないようにすることは、いちばん楽な選択であり、いちばんレベルの低い方法です。自制の利かない子どもに、「もうないよ」と言い聞かせて諦めさせるようなものですね。

また、日々最低限の等価交換を繰り返すだけで、学習や訓練の余地も機会もありません。その結果「お金を大事にしながら、お金に興味を持たない」という相反状態となり、脳が混乱してさらなる思考停止を招くのです。

華僑は、自分が考えていることとやっていることがズレていないか、常にチェックして修正しています。お金持ちになりたいのに、お金持ちになれないことをしていないか？　ですね。

片目で俯瞰し、片目で仰視する

華僑の財布にはクレジットカードもたくさん入っています。財布に大金を入れていても、日常の買物にはほとんど現金を使いません。小額の買物でも、ポイントがつくクレジットカードや電子マネーで支払います。どう使えば得かも研究しつくしているので、何枚ものカード類をきちっと整理し、迷うことなく最適な一枚をさっと取り出します。

財布に換金性のないもの（レシートや病院のカードなど）を入れないのも華僑に共通することで、これもお金を大事に考えているからです。

細かいこととはいえ、華僑に限らずお金持ちほどこだわりがあるものです。

お金持ちになるという大きな目標を達成するために、小さなことをおろそかにしない。思考と行動にズレがありません。逆に大きな目標がなければ、小さなことはどうでもよくなります。

ボスは「目を使い分けろ」と言います。大きなことと小さなことを同時に見ることはできないから、片目で俯瞰し、片目で仰視しろということですね。

自戒の念も込めてですが、日本人はお金に関して大人になっていない人が多いようです。

財布にお金があるとつい衝動買いをしたり、飲み屋に寄ったりしてしまう。クレジットカードを多数持っていると収入以上に使ってしまう。

そんな人こそ（これから変わりたいのであれば）財布にお金をたくさん入れて、お金に向き合うべきだと私は考えます。

子どもが小さなケガをして危険を学んでいくように、お金の小さなケガも成長の過程では必要です。痛みを知らなければ致命傷を負うかもしれません。

使わずに守ろうとするのは、本当に自分を守ることにはなりませんので、恐れずに頭を働かせて動き出してください。

「一点豪華主義」的な買物はやめよう

——華僑は〝普通〟を嫌う

先日、パートナーの宋と話していて、「ミニマムライフ」や「片付けブーム」の話になりました。

「モノを減らしたいから捨てる？　そもそも、なぜいらないモノを買いますか？　僕には理解できない。日本人お金持ちになりたい人多いけど、みんな本当はお金あるんじゃないですか？」

彼が理解できないと言うのも無理はありません。

華僑はもともと最小限のモノしか持たない、元祖「ミニマリスト」です。捨てる以前に、まず不要なモノは一切買わないのです。必要なモノはバーゲンで安く買いますが、「バーゲンだから買う」ことはありません。

また最近流行の「シェア」も、華僑社会では昔から浸透しています。自分が持っていなくても友だちが持っていればいい（借りればいい）と。異国の地で暮らす同胞同士、助け合いの精神が育まれたのは自然なことです。必要な時に助けてもらえるよう、華僑は人付き合いのお金を惜しみません。

華僑はいきなりお金持ちになる？

最小限の生活をする華僑というのは、お金持ちのイメージからはほど遠いですが、これも華僑が貧乏からでもお金持ちになれる秘訣の一つです。

華僑は最小限から徐々にではなく、いきなりお金持ちになります。と言いますか、実情を知らない人から見れば、いきなりお金持ちになったように見えるのです。

なぜかといえば、「一点豪華主義」的な買物をしないからです。

ビジネスパーソンが身につけるもので、よく見る一点豪華主義といえば、まず靴ですね。「靴を見ればその人が分かる」などと言われているからでしょう。

しかし靴だけ高級でスーツやカバンや時計が安物だったら、かえって貧乏くさく見えるのではないでしょうか。

華僑の間では、そういうバランスを欠いた一点豪華主義はカッコ悪いとされていま す。ですから、お金持ちになるまで高価なモノには手を出しません。

もちろん、「靴がいちばん大事」という考えは華僑にもあります。

「足元はいちばん気が回らない部分だからこそ、いつも靴をキレイに磨いておけ」。これは、全身細かいところまで気を抜いていない人間であると相手に分からせるためです。もう一つ「足にぴったり合う靴を履け」という教えもあり、こちらは遠くまで行くためだそうです。さすがは世界の商人ですね。

華僑が最小限の生活をするのは、何よりもビジネスへの投資（人付き合いも含む）を優先しているからです。

その華僑が高級品を買うのは、投資のリターンを回収した時。その時には服もカバンも時計も、車や家もそれなりのレベルのものを全部買えるようになっています。

真面目にビジネスをして得たお金ですから、決して成金ではありません。ただ、お金持ちになってからお金を使うので、いきなり成功したかのように見えるのです。

普通の人になりたくないなら、普通のモノは買うな

一点豪華主義は別にしても、日本人の場合はお金に余裕ができればその時買えるモノを買います。給料に比例して少しずつ生活レベルを上げていくのが一般的です。

「そろそろ車が欲しいな、小型セダンなら買えるな」

「もっと広い部屋に住みたいな、家賃10万円ならいけるな」

「ボーナスが増えたから、家族でハワイへ行こう」

そんなこんなで、お金持ちになる前にお金を使ってしまうわけですね。

そこが華僑とのお金の差にもなってくるわけですが、華僑はお金持ちになる途中の段階で、物欲をガマンしているわけではありません。面子にならないモノは欲しくないから買わないのです。

「誰もが持つ一般的な車に乗っている＝〝私は普通の人です〟と表明しているような

ものだからいらない」「とにかく普通はよくない。普通のモノならないほうがいい」

日本よりもよほど格差社会の中国では、普通の車を持つのは一般の人たちの面子。上海や北京などの大都市圏では、ヨーロッパの大手メーカーの車＝普通の車です。レベルが多少高めの車を手に入れてもお金持ちの間では面子にならない。だったらお金持ちになるまで車はいらない、電車やバスでいいと。

「普通では満足できないから、普通のモノはいらない」という考え方は理にかなっています。

もしあなたも「普通は嫌だ」と思うなら、今買える普通のモノには手を出さないことですね。

制限があるからこそ、早くお金持ちになれる

また、華僑がお金儲けにいそしむのは自分のためだけではありません。

序章でも述べたように、まず両親の家を建て、親族にもお金を回した後でやっと自

分の番がやってくる。しかも普通ではないお金持ちになりたい。

少しずつ生活レベルを上げていこうと悠長にやっていたら、お金を使えるようになった頃には年老いて人生を楽しむことができません。

「お金持ちになるまでは最小限」は、スピードアップのためでもあるのですね。

ボスいわく「我々のはガマンじゃない、ガマンはレベルが低い。目標あって、制限もあるからいろいろ工夫してレベル高くなる。制限なかったら金儲けはできません。それに何やっても面白くない。でしょ?」

目標に向かって制限して集中する。これはまさに私が起業1年目にやったことで、家の車を手放すなど生活面も最小限にしてスタートしました。

夢を早く実現したい人、早くお金持ちになりたい人は、「華僑流ミニマムライフ」を楽しんではいかがでしょうか。

大きな夢は紙に書くより心に書こう

――華僑は夢ノートを書かない

お金に対して高い目標を持ち大きな夢をかなえる華僑は、どのようにモチベーションを上げ、保っているのか？　私が知りたかったことの一つです。

私はサラリーマン時代、「紙に書いたら願いがかなう」という説を素直に信じて書いていました。いわゆる「夢ノート」ですね。当時はハンドサイズの手帳にいろいろな夢を書き、欲しいモノの写真を貼っていました。

「30歳で社長になる」という目標も書きましたし、憧れのベンツの写真も貼って毎日眺めていました。そしてその手帳に書いた夢は、時期こそ少しズレたもののほとんどかなったのです。

ですからボスに弟子入りした後も、社長になった後も、やりたいビジネスやお金の目標などをノートに書いていました。

ボスには笑われました。「書かないと覚えていられないことなんて、目標といえるか？」

そんなボスは、もちろん夢ノートなど書きません。

そう言われても日々新しい目標が出てくるので、まさに忘れないためにも書いておきたかったのです。

それらがかなったかというと……書いてもかなわないことがだんだん増えていきました。欲が出すぎてピュアさが足りないのだろうか？　などと真剣に考えた時期もありましたが、華僑のおかげで非常に合理的な理由が見つかりました。

他力を要する夢は紙に書いてもかなわない

ボスの事務所に立ち寄った時、ちょうど親しい華僑が来ていたので、夢ノートについて意見を訊いてみました。

彼は極貧状態からほんの3年ほどでお金持ちになった、成功ストーリーを地で行く華僑です。

その彼はこう言いました。

「自分がやりたいこと、紙に書く、書かない、どっちでもいいじゃないか？」


彼の言葉で気づきました。

実現したのは、個人的な目標や夢。

実現していないのは、自分の力だけでは成し遂げられない大きな目標や夢。


自分ごとは自分次第。彼の言う通り、紙に書くかどうかはどっちでもよいのです。

本気でやろうと思えば書かなくてもかなうのです。

しかし他人の力が必要なことは、いくら願っても努力しても実現するかどうかは分かりません。外的要因をコントロールすることは難しいからです。

当たり前といえば当たり前ですが、この違いを把握しておかなければ、大きな目標、大きな夢はかないません。

私が手帳に書いた、社長になるだのベンツに乗るだのは、私の個人的な目標です。

社長になりたければなればいいし、ベンツに乗りたければ乗ればいいのです。

社長になるのに何か資格がいるわけではありません。ベンツだってお金を貯めればいつかは手に入ります。今すぐ欲しければローンという手段もあります。

しかし、もし私が「社長になって3年以内に上場させる」とか「年商１００億円規模の会社を作る」などと書いていたら、おそらくかなわなかったでしょう。

30年後の目標を3年で達成する方法

お金にしても、年収２０００万円くらいまでは頑張れば個人で稼ぐことができます。

しかし年収1億円は相当難しい。他力を借りなければ不可能ですね。

そういえば、弟子入りしたての頃に、ボスとこんなやりとりをしたことがあります。

ボス「オオシロさん、3年で10億稼げるか？」

私「さすがに3年では無理でしょう」

ボス「じゃあ３００年あったら？」
私「余裕ですね。３００年生きられたらですけど」
ボス「じゃあ30年では？」
私「現実的ですね」
ボス「だったら10人でやれば3年でできる」

一人では時間がかかることも、他力を借りればあっという間に実現する。それを分かりやすい計算例で教えてくれたわけです。

私は、新しいアイデアを発想した時、まず仲間に伝え、協力してくれそうな人や組めそうな人に「こんなことを考えてるんだけど」と言って回るようにしています。そこから形になったことは数知れず。

他力を必要とする夢や目標は「紙に書くより人に語れ」です。

大きな夢は固定しないほうがよい

右腕として私を支えてくれている宋も、目標を紙に書くことはないと言い、中国のことわざを教えてくれました。

人因梦想而伟大（目標をもっている人だからこそ、偉くなる）

「中国語では夜見る夢は『梦』、目標は『梦想』です。小さい目標は具体的で一つ一つやっていけばいい。大きい目標は、達成するかどうか分からないけど死ぬまで持ち続けるもの。ざっくりしていて、時間がたてば変わっていきます。一緒にやる仲間の意見も自分とは違うかもしれない。だから紙に書いて固定しないほうがいい」

「固定しないほうがいい」というのはやはり、想定外をなくす考え方です。20代でこれほどしっかりとした考えをもっているとは。

「それに、大きな夢は小さなノートに書ききれない」。桁違いの成功に納得ですね。

SNSを「お金が入ってくる器」に変えよう

——華僑は「○○なう」を発信しない

「お金が入ってくる器を作れ」。ボスの教えで、待ち構えておかなければお金は入ってこない、お金が入ってくることを想定して準備をしておけ、ということです。

ここでは身近な例としてFacebook（Fb）やLINEなどのSNSを挙げます。私はアメリカにいる親戚のすすめで、Facebookは日本で流行する前から始めました。SNSを器と考え、お金が入ってくる使い方をしてみてください。

おしゃれランチをアップ＝お金ないアピール

華僑はリアルな人付き合いを大切にしますが、SNSもビシバシ使いこなしています。彼らがSNSでやりとりするのは、ビジネスにつながる情報です。日本人のように、どこへ行ったとか何を食べたなどの「なうネタ」は発信しません。

宋に訊いてみると「中国人も今日何食べたとかアップしますよ。ただそういうのはだいたい学生。何も考えてない人。日本人はちょっと不用意じゃないかな」。

自分が発信する情報が人からどう見られるかを想定していないのではないか？　と。買ったモノや行った店をＳＮＳに載せる＝自分の経済レベルを公開しているようなものだからです。

例えば「銀座の○○ホテルでランチ」や「ついに憧れの○○のバッグを買った」などは、その人にとって特別に贅沢なこと、非日常のことです。

発信側は特別だからこそネタになると考えるのでしょうが、受け取る側はどう見るでしょうか。

高級ホテルでのランチが特別な人は普段高級ホテルへ行かない人です（しかも頑張ってもランチでディナーではない）。ハイブランドのバッグが特別な人は、奮発しなければ買えない人です。

つまり、自分はその程度の（普通の）レベルなんですよと言っているようなものなのです。

それで構わないならじゃんじゃんアップすればよいですが、もし「普通より上」を目指すなら、それなりに慎重にしなければなりません。


旅行や出張先で「今どこそこへ来ています」と投稿するのも危険です。

今まさに自宅にいないと知らせているようなもの、空き巣に入ってくださいと言っているようなものだからです。帰ってからにしましょう。


悪口や文句を書き込むのは、お金も人も遠ざける行為にほかなりません。

ネットで買ったパソコンのパッケージがヘコんでいたとか、古本屋で買った本に書き込みがあったとか。自分は細かいことを気にする奴だと、わざわざ吹聴して何の得があるというのでしょう？

人とのつながりを利益につなげる使い方

ではどういう使い方がよいのでしょうか？　ＳＮＳを「お金が入ってくる器」にするためには、人のメリットになる情報を教えてあげるのがベストです。

華僑は主に、仲間に有益な情報を流すためにＳＮＳを利用しています。

華僑が最もよく使っているのは、中国版ＬＩＮＥといわれる「ウィチャット」です。中国人はＩＴリテラシーが非常に高いので、ウィチャットは本家のＬＩＮＥよりも使い勝手のよいサービスになっています。友だちおすすめの商品をウィチャット上の店で買い、支払いまでできてしまいます。

そのため宣伝も多いですが、双方向的なビジネス情報も多数飛び交っています。

「こういう儲かるビジネスがあるんだけど、一緒にやらないか」

「こんな商材がある。売るルートをもっている人はいないか」

「掘り出し物の不動産物件がある。知り合いで欲しい人はいないか」

など、誰かのメリットになる情報を発信している人もたくさんいるのです。

また、「こんな人材を探している」「この商品が欲しい」といった「○○求む」の書き込みをすれば、ただちに数人から反応があり、条件のよい取引相手を選んで交渉することができます。

人とつながるだけでなく、お互いの利益につながる使い方をしているのですね。そんな彼らのＳＮＳは「お金が入ってくる器」になっています。

情報もお金も、使わなければ価値はない

商材も人材もないなら、まずは人のためになる情報を発信してみてください。

難しく考えることはありません。新聞や本、セミナーなどで仕入れた情報を教えてあげればよいのです。

ネットで得られない情報を仕入れることにお金を使い、それをタダで教えてあげれば、あなたはたちまち「有益な人」になります。

ＳＮＳではありませんが、私はサラリーマン時代、お客さんの業界に関する情報やお客さんに役立ちそうな情報を集めていました。といっても、新聞記事や雑誌の切り抜きをコピーしてプレゼントするだけ。これがけっこう喜ばれました。

忙しくてなかなか新聞に目を通す時間がないから助かる、と私の訪問を楽しみにしてくれるお客さんも多く、そのようなお客さんは高い確率で契約してくれました。

情報もお金も、持っているだけでは価値がありません。使ってこそ価値があり、また使い方によっては、元の価値よりも大きな価値を生み出してくれます。

1の価値を5にするのも10にするのも、使い方次第なのです。

自分の資本効率を上げよう

——華僑は競争しない

お勤めの方の多くは、仕事を頑張ったからといって、すぐに給料（基本給）が上がるわけではありません。

転職や独立をせずに収入アップをかなえる道は二つ。今より上の役職・ポジションに行くか、サイドビジネスなど本業とは別にお金の入り口を作るか、ですね。

ここでは、今より上の役職・ポジションに行くための合理的な方法をお伝えします。

①競争しない
②資本効率を上げる

いずれも資本主義の原則に基づいた華僑の教えです。

資本主義社会は資本家（経営者）が利益を取る構造になっているので、サラリーマンは、搾取されてたまるか、と労働者の権利を主張してきました。

しかし華僑は戦いません。サラリーマンであっても資本家目線で資本主義の構造を理解し、活用して、労働の対価を増やすことに成功しています。

競争をやめればライバルに勝てる

資本主義とは、投下したお金に対してどれだけリターンがあるか、それだけです。それだけの勝負なので、当然お金をどんどん突っ込める人が有利ですし、必ず寡占化します。

例えば検索エンジン。昔はいろいろありましたね。ヤフーを筆頭にｇｏｏ、エキサイト、インフォシーク、フレッシュアイなど。それが今は、ほぼグーグルです。スマホも寡占化が進み、今はｉＰｈｏｎｅ、ネクサス、シャオミの3機種に絞られてきています。

いずれも、資本および資本効率の勝負を表していると言えます。

資本主義社会で重要なのは資本効率をいかに上げるかだけで、誰かと競争して勝つことに意味はありません。

これはお勤めの方にも無関係ではありません。競争社会だと思っている時点で資本主義社会での勝負には参戦できないので、まず「競争に勝ち抜いてのし上がる」という考えや、「あいつに勝ちたい」という思いは捨ててください。

競争を無視してこそ、ライバルより上のポジションに行けるのです。

華僑がお金持ちになれるのも、お金の使い方がうまいのも、資本主義をよく理解し、投入したお金に対するリターンの計算に長《た》けているからです。

一時的に赤字が出ても、今お金を突っ込めばこれだけの利益が見込めると計算すれば、躊躇なく突っ込みます。

次の次の次まで計算してお金を投入するので資本効率が高くなり、リターンも大きくなるというわけです。

48ページで述べた「ビジネスへの投資を最優先にして生活は最小限にする」という

のも、資本主義社会ではまず投資をしなければ何も始まらないからです。

１００万円のお金ができたら１００万円をいかに効率よく増やすかを考えてビジネスに投入し、そのリターンをさらに投入する。そのビジネスがある程度成長すれば別のビジネスを始める。その繰り返しであっという間にお金持ちになるのです。

競争という無駄なことには一切、お金も時間も使いません。

話が長い人は出世できない

お勤めの方も自分の資本効率を上げれば、上のポジションに行くことは簡単です。

なぜ役職者の給料は一般社員の給料より高いか分かりますか？　役職者のほうが労働の量が多いからではありません。役職者のほうが資本効率が高いからです。

経営者（資本家）から見て社員（労働者）の資本は「時間」です。同じ時間働いてより多くの利益を会社にもたらす人が、資本効率の高い人です。役職が上の人ほど資本効率が高く、その分給料が高いのですね。

ですから、まず時間の使い方を見直すことが大切です。無駄を省く努力は多くの人がしていると思いますが、例えば話を簡潔にまとめることも資本効率アップの手だてです。私の経験上、「話が長い人」はおおむね「出世できない人」です。

上司を後押しすれば資本効率が上がる

上司に気に入られるというのも、実は資本効率を上げることにつながります。上司からの評価が高い＝資本効率が高い人として認められるからです。

もちろん、おべっかを使って持ち上げろということではありません（それは逆に周囲の注意を引き、無用な競争に巻き込まれてしまいます）。

上司の資本効率が上がるようにサポートして、上司の出世を後押しすればよいのです。上司が出世して役職が上がり、その空いた席に座れるように、ですね。

その意識をもって上司の仕事を観察してみてください。サポートするべき仕事が分かるだけでなく、自分が上司の立場になった時に何をすべきかも分かります。

華僑のように次の次の次まで計算して、自分の資本である時間を投入すれば、非常にスピーディーに収入を増やすことができます。

中小企業のサラリーマンで「自分の資本効率」について考えている人は、おそらく100人に1人もいないのではないでしょうか？（私も考えていませんでした）

周囲が他人との競争に明け暮れている間に、自分だけが競争することなくさっさと上のステージへ上がる。考えただけでワクワクしませんか？

これを実践してあなたが上司になった暁には、ぜひ部下に教えてあげてください。自分が得した方法を教えたくないと囲い込むのは間違いです。囲い込むなら情報ではなく、自分の役に立つ部下を囲い込むべきです。

部下に後押しをさせて自分の資本効率を上げ、さらに上のポジションへ。そして資本効率の高い部下を引き上げてやればまた自分の資本効率が上がります。

ある華僑が言っていました。

「本当に賢い人は1％。賢い人はほかと同じことはしない」

なるほど、ですね。

第2章

お金という道具を使いこなす

お金そのものへの執着を捨てよう

――華僑は節約するがケチらない

第2章では、実際にお金を使いながら「華僑のお金術」をマスターしていきましょう。そこで重要なのが、お金そのものの価値と、お金を使うことで生まれる価値をはっきり区別してお金を扱うことです。

お金は大切ですが、お金そのものは単なる紙切れです。必要以上に特別扱いして、お金そのものに執着してはいけません。

お金は、交換機能と増殖機能をもつ便利なツールです。ツールですから、お金を使わないのは、パソコンやスマホを手に入れて使わずにしまっているようなもの。執着するべきは使い方なのです。

お金は生きている間に使うもの

華僑はお金をとても大切にしますが、お金そのものが好きなわけではありません。どの華僑も言うのが「節約はいいが、お金でケチしたらダメ」。

彼らの考えをよく表す中国のことわざがあります。

銭乃身外之物、生不帯来死不帯去（お金は自分の身体以外のもの。生まれたときに持っていない、死ぬ時に持って行けない）

まだ若い宋でさえ「お金は生きている間に使うもの」だから、人生の達成感をもてる使い方をしたいと言います。

華僑の達成感とは、まず親や親族を豊かにすること。そして自分が頑張ってきた証である家や車。いちばん大事なのは、生涯の友や仲間を手に入れることです。

それらを実現するために、使うべきお金をケチってはいけないということですね。

華僑の財布からはお金は消えない

お金そのものが好きな人は、お金は使えば消えると考えています。例えば友だちとランチに行って1000円支払えば、財布から1000円消えたと思うわけです。そういう感覚でお金を使うと、実際にお金は消えてしまいます。

華僑が使うお金は、財布から出ていっても消えることはありません。別のところへ移動するだけで、いずれは形を変えて自分のところへ戻ってきます。

あくまでもイメージですが、華僑の財布からは「お金の線」が出ているのです。その線が多くの人やモノとつながっていて、そこからさらにたくさんの線がのびている。そしてところどころで横線がつながっている。それが華僑の財布のイメージです。華僑の財布から出ていくお金は線上に送り出され、しかるべき経路をたどってさまざまな「利」に姿を変えて戻ってくるのです。

お金の線上にお金を送り出す感覚でお金を使えば、ただ消えてなくなることはありません。

線上にお金を送り出す時、自分のメリットにのみ目を向ければすぐに戻ってきますがリターンは少ないです。相手のメリットを見て送り出せば、時間はかかりますがリターンは大きくなります。

友だちとのランチも、１０００円送り出してそのリターンを得ようとすれば、少なくとも上司の愚痴やうわさ話など思いつくまま喋《しゃべ》って終わりということにはならないでしょう。

お金がどんな線をたどってどんな姿になって戻ってくるか、華僑のように読むには練習が必要です。

日常でお金を使うあらゆるシーンを練習台として、ただ消えていくお金を減らしていってください。

ワンコインで親密な空気を買おう

――華僑は缶コーヒーを買う

まずは、おろそかにしがちな小銭を有意義に使う練習です。なんとなく毎日の習慣で、缶コーヒーやコンビニコーヒーを買うという人は多いと思います。

小さな支出ですが、ちりも積もればで毎日１００円使えば年間3万６５００円。倹約家の華僑は、なんとなくの支出を嫌いますので、当然缶コーヒーなど買わないかと思いきや、実はしょっちゅう缶コーヒーを買っています。

ボスなど電気代がもったいないと言って電気ポットさえ使わないのに、缶コーヒーを冷やしておく冷蔵庫は必要だと考えているようです。

しかも缶コーヒーが好きではないのに（中国人はあまりコーヒーを飲みません）。缶コーヒーはまずいと言いながら飲むとは、わけがわからないですね。

缶コーヒーは絶妙のコミュニケーションツール

華僑が好きでもない缶コーヒーを買うのは、中国におけるタバコの代わりなのです。中国社会ではタバコの付き合いが欠かせません。人と会えば必ずタバコをすすめられますし、食事に行けば円卓の上をタバコが飛び交います。普段タバコを吸わない人も付き合います（ふかすだけですが）。好き嫌いではなく、中国人にとってタバコはコミュニケーションツールなのです。日本はすっかり嫌煙ムードですので、タバコに近いコミュニケーションツールとして華僑は缶コーヒーを使っているのです。

何か飲んだり食べたりしながらのほうが、お互いリラックスして話せます。だからゆっくり話したい場合は喫茶店や飲食店に行くわけですね。

それほどでもない立ち話や初対面の人との挨拶程度の場合に、打ち解けて話せる雰囲気作りに役立つのが缶コーヒーだというわけです。

また、缶コーヒーは飲むのに時間を要しません。

「立ち話でいいので私に少し時間をください」とお願いする時なども、ちょうどよい仲立ちになってくれます。

飲むのに時間がかからないとはいえ、何もない場合よりは引き延ばせますし、緊張もやわらぎます。

前置きが長くなりましたが、どうせ毎日缶コーヒーやコンビニコーヒーを買うなら(もちろんコーヒーでなくても)コミュニケーションツールという機能をもたせましょう。それならば相手の分までお金を出しても損はしません。

空気を変える「ジュージャン」

私の会社では、よく全員でジュースを賭けたジャンケン「ジュージャン」をやります。負けた人が全員にジュースをおごるゲームです。

上下の気遣いなく能力の差もないゲームですので、みんなで盛り上がりながら空気をリセットするのに役立ちます。

誰かが落ち込んでいる時、組織として気合を入れてほしい時、難しい商談の後などはすかさず「ジュージャン」ですね。

勝ったらうれしい、負けたら悔しい。華僑は、本能的でシンプルな感情を利用するのがうまいのです。

必ず負ける人がいるわけですから、リベンジでずっと続いていくのも面白いところです。

たかが１００円、されど１００円。意味をもたせて使えば、単なる等価交換ではありません。

空気を買う小銭の使い方、今日からぜひ実践してみてください。

贅沢気分は×。「体験」を買おう

――華僑は「自分へのご褒美」をしない

華僑は「お金持ちになるまで贅沢は必要ない」と言いながら、時々5つ星ホテルや高級レストランを利用します。矛盾しているじゃないかと突っ込みたくなりますね。宋いわく「中国でもよくあります。お金持ちになる途中の人、今頑張ってる人がお金使って勉強してる。中国人も華僑も、ご褒美はしないよ」。

日本人はよく、「自分へのご褒美」だと言って贅沢をしますが、浪費や衝動買いの言い訳にしている人も多いのではないでしょうか。その言い訳に乗っかって、売る側も「自分へのご褒美にぴったり」などと煽っています。

甘い言葉にまどわされて浪費をしてはいけません。

お金持ちになることを前提にお金を使う

華僑の目的は「体験を買う」ことです。お金持ちの世界を体験するために、お金持ちが利用する場所を訪れるのです。

5つ星ホテルにはどういう人が来ていて、どういう会話をしているのか？　観察するだけでなく、お金持ちがどういうサービスにお金を払いたくなるのかも、自分のお金を使って体験します。

お金持ちになることを想定してお金持ちに将来の自分の姿を重ね、その場にふさわしくなるためのレッスンをしているのですね。

あくまでもレッスンのためであってご褒美ではないので、彼らは贅沢を体験してもハイテンションになることはありません。

お金持ちが集う場所で無表情な中国人を見かけたら、それは今頑張っている最中の、お金持ちになる途中の華僑かもしれませんね。

何十億、何百億円レベルのお金持ちにとって、高級ホテルやレストランは過去の場所です。「ああ、頑張っていた時によく行っていたなあ」と、懐かしく思い出す場所なのです。

彼らもまた、頑張っていた時代には自分の身に残る体験にお金を使い、だからこそお金持ちになったのですね。そしてお金持ちとして存分に贅沢を楽しみ、飽きて贅沢を卒業したのです。

あなたも贅沢をする際には、ご褒美ではなくレッスンの機会にしてください。

ご褒美だと思っている時点で、それは今の自分には不相応だということです。ご褒美で贅沢をしても、その贅沢が日常になることは永遠にありません。

しかしレッスンだと考えるなら、それはお金持ちになるための練習ですから相応に近づいていくわけです。

セールスやマーケティングの仕事をしている人などは、「買わされる体験」を買うのもよいでしょう。お金持ちを相手にしているお店やホテルなどは、お金持ちに財布を開かせるトークや雰囲気作りを心得ています。
もちろん華僑はそれも逃さず、お金持ち相手のビジネスを想定内にしていきます。

海外旅行は人気のない国をチョイスする

お金持ちになる途中の華僑は、日々の生活を切り詰める一方、海外旅行によく出かけます。海外を知ることも自分の身に残る体験、人に語れる体験になるからです。見聞を広げることが目的ですから、自分の好きな国を何度も訪れるのではなく、たくさんの国を回りますし、あまり人が行かない国こそ見に行くべきだと考えます。

華僑といえば、新興国にいち早く乗り込み大富豪となった実業家がたくさんいます。そういった華僑の進取の気性やスケールの大きな成功の背景にも「体験を買う」考え方があるのではないでしょうか。
海外旅行といえばもっぱらハワイ、ではもったいないですね。

毎月3000円の預金を持参しよう
——華僑は足を使う

「継続は力なり」に類する中国の格言があります。

養兵千日用兵一時

さまざまに解釈ができますが、ここではシンプルに訳しておきましょう。

「兵士を千日養っても、一度でも使えれば千日（の経費）は無駄にはならない」兵を使う上の立場から継続の利を説いているわけですが、一度も使えないような継続をしても意味ないよ、とも取れます。継続を無駄にしないために、ただルーティン的に続けるのではなく継続を有効にしていきましょう。

「お付き合い」効果をアップさせる方法

お金で継続といえば預金ですね。積み立てなど毎月定額預金をしている人は多いと思います。していない人は、月３０００円程度でよいので始めてください。

目的はお金を貯めることではなく、銀行と継続的に付き合い、銀行を味方につけることです。ですから小額でもよいのです。

銀行は「お付き合い」を重視しますので、小額でも付き合い歴が長い人は「大切なお客様」。住宅ローンや融資の相談にも親身に応じてくれます。しかし、付き合いのない人がいきなり訪れても門前払いです。

想定外のお金が必要になった時など、銀行との付き合いがあれば銀行からの借り入れが想定内になりますが、付き合いがなければ想定外のところから借りることになるかもしれません。

というのは基本中の基本。ここからが華僑流です。

華僑は同じ3000円の定額預金を継続するにしても、数字を動かすだけで終わらせず、人間同士の付き合いに発展させて継続の効果を上げています。

やるべきことは簡単です。自動引き落としではなく毎月自分で銀行へ持って行く、それだけです。便利なシステムをあえて使わずに自分の足を使ってお金を持って行き、銀行マンとコミュニケーションを取ってください。

銀行マンと何を話せばよいのか分からないという人は、銀行が扱っている保険や投資信託などの金融商品について質問すればよいでしょう。外貨預金について相談するのもよいですね。喜んで懇切丁寧に教えてくれます。

おすすめの商品を買うかどうかはまた別ですので、金融知識を教えてもらうつもりで銀行と対面の付き合いを継続してください。

儀礼的な習慣こそ継続すればオイシイ

また、毎年のお年賀やお中元、お歳暮なども、郵便や宅配便で送らずに持参することをおすすめします。

宋のお父さんはいくつも会社を経営する富豪ですが、必ず新年には年賀の品を携えて世話になっている人の家を一軒一軒訪問しているそうです。

わざわざ足を運ぶのは、単なる挨拶に終わらず便宜を図ってもらえるようにお願いするためです。足を運べば、働きかけたい相手と二人きりで話すチャンスを作ることができます。手紙には書けない、文字では表せない微妙なニュアンスを伝えられるのも対面ならでは、ですね。

日本では儀礼的な贈り物や挨拶自体をやめる人が増えていますが、昔からの習慣こそどんどん活用しましょう。

「中元のご挨拶に参じました」と言われて無礼だと怒る人はいません。特に目上の人からは、若いのにちゃんとしていると感心されるでしょう。しかも毎年継続できるのですから、やめるなんてとんでもないですね。

ぜひ足を使って継続の実を大きく育ててください。

お金を使って自分をテストしよう

——華僑は予習しない

次のお金術は、ビジネスの本番に強くなるための「テスト」です。テストといえば予習がつきものですが、あえて予習をせずにぶっつけ本番でテストに臨んでください。

日本人の多くが本番に弱いのは、予習重視型だからです。予習（準備）に時間を使えば、その分、本番を経験するチャンスが少なくなります。また念入りに予習をするほど予習に頼るので「想定外」に対応できません。プレゼンや商談の場で、想定外の質問や反応に頭が真っ白になってしまう。落ち込んでさらに本番に弱くなる。そんな人こそ予習をやめて「ぶっつけ本番」をどんどん経験するべきなのです。

自分の力量を測る「ぶっつけ本番」テスト

「華僑のお金術」としてどんなテストをするかですが、華僑がやっているのは自分を試すテストです。

年下の10人を集めて、食事をおごり、仕事を依頼します。

例えば「ネットショップをやるから手伝ってくれ」など、自分のビジネスを手伝わせるわけです。商材を探す、販売ページを作る、商品を発送する、在庫を管理する、いろいろな作業が発生するので手伝ってくれないか、と。

やりたいことがないなら「会社の仕事を手伝ってくれ」でもよいでしょう。

そこで何人が挙を上げてくれるか、どんな反応が返ってくるかで自分のレベルが分かりますね。自分はリーダーになれるのか？　大物になれるのか？

華僑はこのようにして自分をテストしているのです。

結果がさんざんでも落ち込むことはありません。このテストはうまくいかなくてもOKなのです。うまくいかなければ、テストの場面をふり返ってうまくいかなかった理由を見つけてください。

話の内容、順番、メリットの伝え方、声のトーンや身振り手振り、メンバーの顔ぶれ、店やメニューの選択、いろいろ出てくると思います。

そしてその学びを活かして、またテストに挑んでください。

予習をせず、テストと復習を繰り返すことで本番慣れして、実際のビジネスの「ここ一番」で力を発揮できるようになります。

また、リーダーとしてのお金の使い方や話し方、想定外の受け答えにも慣れてきます。

10人全員が手を挙げるまで続ければ、あなたのリーダーシップは相当なものになっているでしょう。社外でリーダーシップを発揮できるのですから、会社にのみ頼るリスクも減少しますね。

「ああ言えばこう言う」力を養う基礎練習

31ページで述べたように、華僑は「失敗は想定外をなくす最良の教材」だと考えています。失敗は本番でしか経験できません。ですから華僑は本番重視の復習型なのです。

とはいえ、華僑が失敗ばかりしているわけではありません。彼らは予習はせずとも基礎練習を積んでいますので、どんな想定外のことが降りかかろうとも「ああ言えばこう言う」で即座に対応します（私も「ああ言えばこう言う」が大の得意です）。

野球選手の身体がボールに反応するようなものですね。頭で考える前に反射神経で口が勝手に動いて相手の言葉を打ち返すのです。

その基礎練習となるのが本書で紹介するお金術なのですが、中でもこのテストは反射神経を鍛えるのに最適です。ぜひあなたも本番に強い「ああ言えばこう言う」力を身につけてください。

カッコいい値切り方をマスターしよう
——華僑はカモられない

お金術の練習としてハイレベルかつ楽しいのが「値切り交渉」です。

日本人はカッコつけてあまり値切りませんが大変もったいない。売る側の利益を考え相手を選んで交渉すれば、値切れるものはたくさんあります。

華僑は値切りの達人です。しかもただ値切るだけでなく、いかにスマートに値切るかという上級テクニックをゲーム感覚で楽しみながら身につけているのです。

ぜひマスターしていただきたいと思います。

関西で生まれ育った私は、もともと値切るのも値切られるのも慣れています。その上、起業して日中貿易をするなかで値切り力が格段にアップしました。

中国人（華僑も）は、値切りの交渉力で相手のレベルを測ります。交渉がうまければ一目置き、下手ならば「カモ」扱い。交渉もせず言い値で取引しようとする相手などはバカにして、まともに取り合いません。

値切られないほうが得なのに、値切らない相手とはまともに取引しない。そのあたりが分かっていないと中国人とはうまく付き合えません。

値切り交渉をする人＝お金を使い慣れている人

日本でも百貨店やブランドショップなどでは、値切る人のほうが上客扱いされやすいことをご存知でしょうか？　なぜなら、百貨店やブランドショップで値切るのは十中八九、お金を持っている人だからです。

一般レベルの人は近所の商店では値切っても、高い店では値切ろうとしません。高い店ではカッコつけたいからですね。また、百貨店は値切れないと思い込んでいる人も多いです（百貨店はスーパーとは違いテナントの集合体ですから、裁量権をもつスタッフと話をすれば値切れる可能性は高いのですが）。

ですから、百貨店やブランドショップで物怖じすることなく値切る人は、一般レベルではないと仮定されるのです。そこそこお金があって買物に慣れていて、普段からお金を使っている人だなというふうに見られるわけです。

そう見られればこっちのもの。初めての店でも、「上客になるかも」という期待感をもたせることに成功すれば、店員は丁寧に接客しますし、今後贔屓《ひいき》にしてもらえるよう値引き交渉にも応じるのです。

「質のよいリピーター」への期待を演出する

先日、華僑の友だちの買物について行き、値切りの手腕を見せてもらいました。スーツや時計などどんどん品物を持ってこさせ、試着して、結局買ったのは名刺入れ一つ。それなのに20％も値切って、店員に笑顔で見送られていました。

彼が値切り交渉をしたのは一度だけです。品物を見ながら店員にいくつか質問をした後、「またゆっくりできる時に来るけど、このカードケースは今日欲しいな。少しまけてくれませんか？」と。まさにスマートな値切り方ですね。

もちろん、彼は名刺入れしか買えなかったわけではありません。店員が出してきた品物どころか店ごと買えるくらいのお金持ちなのです。ですから、実際買ったものが名刺入れのみでも、値引きをした店員の判断と対応は正しいといえます。

ビジネスは継続が命です。売る側からすれば質のよい客にリピーターになってもらうことが肝心ですので、なじみのない「一見客」が太っ腹な買物をしても上客候補とはみなしません。

彼はそれが分かっていて、今後への期待とインテリジェンスを感じさせ、値切りを成功させたわけです。

彼には、買物に適した服装や、時計をはずすタイミングなど値切りのテクニックをいろいろと教えてもらいました。が、頭を使って値切るのが面白く、練習にもなるので細かいテクニックはあえて書かないことにします。

「これ全部買うからまけて」もアリはアリです。ただし「これ全部」の効果が発揮されるのは次回来店以降、つまりリピーターになってからと考えてください。

ちなみに私は初めての店で時計を４本買い、当然値切りましたが「もっともっと」

と欲張った交渉はしませんでした。2回目以降はこちらが何も言わなくても、「大城さんでしたらいつでも20％引かせていただきます」と勝手に値引いてくれています。

値切り交渉で重要なのは「相手を知る」こと

値切りを成功させたいならまず、売る側の利益と立場を考えることです。例えば車は利益率が高いです。トヨタの決算書を見ても明らかですね。その車を大幅に値切れるのは中古車ディーラーです。新車ディーラーは基本的に値引きをしませんので交渉してもオプションが増える程度ですが、中古車ディーラーは利益が残ればＯＫ。どんどん交渉できます。

私が社用車としてベンツを買った時は、2台買うからと交渉した結果、８００万円が６００万円になりました。２００万円値切ったわけです。

また、ホテルでも私は必ず交渉します。ホテルは稼働率が重要ですから、部屋が余っているなら空けておくより安くしても埋めるほうがよいのです。

最近はインバウンドでホテルが足りないと言われますが、平日は空きのあることが多いですし、地方のホテルも狙い目です。

先日高松に出張した際はスタンダードルームを予約していたのですが、フロントで「デラックスルームは空いていないですか？」と訊ねたところ、追加料金なしでアップグレードしてくれました。

これまで値切ったことがない人は、まず「市場」で練習してください。市場は個人商店の集まりですから、オーナーなど値引きの決定権をもつ人と直接交渉できる確率が高いです。

また向こうも値切られるのに慣れていますから、どこまで値切れるか、交渉力と判断力を養うのにうってつけなのです。顔なじみになって店主と仲良くなれば、値引きのボーダーラインや思わず値引きしてしまうテクニックなども教えてくれるかもしれません。

頭を使って楽しみながらマスターしましょう。

第3章

お金の運を引き寄せる

財布は必ずカバンにしまおう
――華僑は不運を寄せつけない

第3章では、「お金の運を引き寄せる」ためのお金術をお伝えしていきます。

あなたは「運」をコントロールすることは可能だと思いますか？　不可能だと思いますか？

私はこれまでの経験から、ある程度はコントロールできると考えています。もちろん人の計算が及ばない運もあります。出生はその最たるものですね。

コントロールできる運とは「蓄積のあるところに訪れるチャンス」です。

「運」という字には、「働かせて用いる」や「動かす」という意味もあります。

欲しい結果から逆算して（頭を働かせて）行動すれば、チャンス（運）を招くことができる。すべてつながっているのです。

華僑はまさにそうで、「お金持ちになる」という結果から逆算して考え行動しています。お金持ちになるのは当然といえますね。

私もよく「運がいい」と言われますが、「こうなりたい」から逆算してやるべきことをやっているだけです。

幸運を引き寄せる＝不運を遠ざける

私のビジネスパートナーである宋は合理的でシンプルな法則を教えてくれました。「よい運を招きたいなら、不運を遠ざける」。これも逆算の考え方ですね。

まずは、普段の行動の中に不運を招く要素がないか、チェックしましょう。

例えば、財布をズボンの後ろポケットに入れている人。落としたりすられたりという不運を常に連れて歩いているようなものです。

華僑は必ずカバンの中に財布をしまっています。それもカバンを開いても見えないよう底のほうにしまい、出し入れする時には人の視線に注意をはらいます。

どこに財布があるか分からせないのが一番ですから、スーツの内ポケットにも入れません。

また宋は財布の中をきっちりと整理し、一万円札だけ、財布を開いても見えないところに入れています。これも財布を盗まれた時を想定してのことです。

スリはだいたい盗んだらすぐに現金だけ抜いて財布を捨てますので、千円札と五千円札はすぐ目に入るように、一万円札は見えないようにしているのです。

ちなみに、中国でズボンのポケットに財布を入れている中国人を見かけることがありますが、それには理由があります。強盗にあった時にお金を盗らせないと身の危険もありえるため、少しだけ現金を入れたフェイク財布を用意して、わざとズボンの後ろポケットに入れているのです。後ろを向けば反撃の意思がないことを示せるからです。そこまで考えているならば、非常に用心深いといえます。

少なくとも財布をカバンに入れている人は、不運を遠ざける思考があるということですね。さらに、幸運から逆算して行動していきましょう。

天に任せず、天に従う

華僑は運をコントロールしますが、コントロールできない運も認めています。

ボスが教えてくれたのは**「人算不如天算」**。

「人の計算は天の計算にはかなわない」という意味ですが、「人が計算しなくても天が計算してくれる」と解釈することもあります。「成るように成る」ですね。

計略をめぐらせたり欲張って皮算用するよりも、天が与える運を活かしなさい。すべて思惑通りにしようとして天の運を無視すれば大きな成功は望めない。

この教えもぜひ覚えていただきたいと思います。

「人算不如天算」だからといって自分の運を天任せにはせず、同時に天の運も受け入れる。両方ありだからこそ、常に幸運を引き寄せられるのです。

お金を使うべきでない相手を知ろう
——華僑は愚痴らない

お金の運を引き寄せるには、誰と付き合うかが非常に大事です。

人付き合いにはお金がかかりますが、将来への投資として付き合いのお金をむやみにケチってはいけません。投資ですから、誰にお金を使うべきかをしっかりと考えるべきですね。

ここでは不運を遠ざける意味で「誰にお金を使うべきではないか」を考えてみましょう。投資家目線で、あなたの周りの人を思い浮かべながら考えてください。

メリットを探せない人にはお金を使わない

「誰にお金を使うべきではないか」について、宋の基準は非常に明確です。

①お金がない人

「小さいお金を集められない人にはお金を使わない。１００万円集められない人が50万円出してと言ったら断りますね。５００万円が限界の人が50万円出してと言ったら、よく観察してから決める」

②愚痴や悪口を言う人

「マイナスのことを言う人からはマイナスの話しか出てこない。華僑は愚痴言いません。メリットを探すのが華僑。デメリットがあればどこかにメリットもある。それに焦点当てられない人にはお金使わない」


すでに「お金を使うべきではない人」リストができたのではないでしょうか。

お金を作れない人に投資しても無駄なのは世の常ですね。

愚痴や悪口を言う人、これは自分への戒めにもなります。特に宋の言葉にある本質の部分「メリットに焦点を当てられない人」に自分がなっていないか（お金を使ってもらえない人になっていないか）、常に省みる必要があるでしょう。

「お金を使うべきではない人」にもメリットはある

あなたが思い浮かべた「お金を使うべきではない人」をどうするかですが、切り捨てる必要はありません。

その人たちとは、お金を使う付き合いはしないと決めておけばよいのです。缶コーヒー程度の付き合いで、缶コーヒーをおごってもらえばよいのです。

序章の22ページにある、お金がない人とも、経験がない人とも付き合うボスの教えを思い出してください。さらに、華僑は「できない人」も切りませんし、「嫌いな人」もシャットアウトしません。

お金がない人、愚痴や悪口を言う人が会社の同僚だと仮定して話を進めます。

お金がない人はおおむね仕事ができない人です。部署内でも下に見られてあまり相手にされません。もしあなたが周囲と同じように接しているなら、逆に声をかけて優しくしてあげてください。喜んで雑用を引き受けてくれます。

その人に足を引っ張られているとしても、下がいるから上がいると考えてみてください。できない人がいてくれるからこそ、相対的に自分の評価が上がるのだと。それに気づけばできない人のミスこそ逆に、華麗なフォローで評価アップのチャンスになります。

もし、お金がない人のお金がない理由が、仕事の能力ではなくギャンブルだとすれば、どのようなギャンブルでどのようにお金を失ったのか「うまくいかない方法」を聞いて「想定内」にしていけばよいですね。

愚痴や悪口を言う人は「敵」になる可能性があります。今は問題なくても、いつ矛先が自分に向くかわかりません。だからこそ遠ざけないようにしてください。嫌いな人や悪い情報こそ「想定外」の温床だから遠ざけてはならない、というのがボスの教えです。

お分かりでしょうか？　デメリットの中にもメリットがある。周囲が見ていないメリットを見つけ出せば、あなたが「お金を使ってもらえる人」になるのです。

お金の話ができる友だちを作ろう

――華僑は雑談をしない

前項の続きで、今度は「お金を使うべき相手」について考えましょう。

上司にお金を使うメリットは第1章の通り。ここではお金の運を引き寄せるというテーマで、どんな相手と付き合うべきかをお伝えします。

それは、お金の話ができる人、お金について考えている人です。

普段からお金について考えたり話したりしている人と、していない人。お金の運を引き寄せられるのは当然前者です。

お金について話す習慣があるかないかは、主に育った環境に左右されます。しかし今からでも遅くはありません。お金の話ができる友だちを作ればよいのです。

お金の話ができないのは恥ずかしいこと

日本人は友だち同士であまりお金の話をしませんが、華僑は友だちとお金の話ばかりします。お金の話といってもお金そのものではなく、お金がからむ話ですね。知り合いを通じての投資話や流行り出しているビジネスの動向、うまくいっている人の話などの情報交換がほとんどで、当たり障りのない雑談はしないのです。

芸能人や異性の話題、俗っぽいうわさ話などお金のメリットにつながらない話を好むのはレベルの低い人。友だちになりたくない人ということになります。

宋が言うには「お金の話、お金になる話ができなかったら恥ずかしい。よい話がなければ探して持っていく」。

華僑は複数の友だちグループに属して、それぞれでお金の話をする食事会を開きます。友だちと会うたびにお金がからむネタを用意するのは大変ですが、グループの異なる友だちがたくさんいるので話題に事欠かないのです。

お金の話ができる友だちを探す方法

お金について考えている人は必然的にお金持ちに近づいていきますので、今お金持ちの人と友だちになる必要はありません。「お金持ちになる途中の人」と友だちになればよいのです。

「お金持ちとの付き合い方」は第5章で紹介しますが、友だち付き合いとは別に考えてください。お金持ちでない人がお金持ちと友だち付き合いをしようとすれば、必ず無理が生じます。

まずは身近なところでお金の話ができる友だちを作りましょう。思い当たらないという人は、ただ見えていないだけの可能性もあります。

実は私もサラリーマン時代は見えていませんでした。自分と同レベルのサラリーマン友だちからお金について学ぶことはできない、輪の外にしかチャンスはないと勝手に思い込んでいたのです。

しかし宋の考え方は違います。

「資産運用とか投資とか、サラリーマンでもやってる人はやってますね。ただ日本人はお金の話オープンじゃないから周りに分からないだけ」

見つけようとして働きかければ、あなたの身近にも意外とたくさんお金の話をしたい人がいるかもしれません。

まずは自分からお金の話題を振ることですね。教えてもらおうという一方的な姿勢は目を曇らせます。

お金の話をする練習としておすすめなのは日本経済新聞です。電子版ではなく紙の新聞を購読してください。ざっと一覧できて記事の関連性も頭に入りやすいので紙は効率がよいのです。１カ月４５００円前後、使い倒せば安いものです。

読むだけでなく自分の考えを添えて、人に話したりＳＮＳに投稿するなどして共有してください。自信がなくても正しくなくても気にすることはありません。

自分がお金に興味をもっていることを知ってもらうのが先決。自ら発信すれば、自然とお金の話ができる人が集まってきます。

次につながるお金を使おう

——華僑は割り勘をしない

人付き合いでいちばんお金がかかるのは外食費ですね。お茶、ランチ、飲み会など。お金を使うのですから、お金の運を引き寄せる使い方をしましょう。

ポイントは二つです。

①食事中に一つはお金の話（お金がからむビジネスの話）をする
②割り勘をせず、おごりおごられる付き合いをする

華僑はビジネスとプライベートを分けず、いかに融合させるかを考えています。そんな華僑が最も大切にしているのが食事の時間。リラックスしてビジネスの話ができるのは最高だというわけです。友だちとお金の話をするのも、もちろん食事を楽しみながらです。

一方、日本人の場合、リラックスした食事の場では「まあお金（仕事）の話は置いておいて」となります。

私はボスに弟子入りする前、お金儲け系のセミナーにちょくちょく参加していたのですが、その懇親会でさえお金儲けの話をする人は多くはありませんでした。とんだ笑い話ですね。

実は「下品なお金の話」を堂々としている日本人

日本人が食事の時にお金の話をしたがらないのは、「お金の話は下品だ」という日本的美意識の刷り込みもあるのでしょう。

そう思っていたのですが、華僑から指摘されてハッとしました。

「日本人は食事の場ではお金の話をしないのに、食事が終わったら必ずお金の話をする」

食事が終わったら必ずするお金の話、それは割り勘のことです。

宴もたけなわになるとお金の計算が始まり、「一人３２００円！」などと大きな声で金額を連呼。さらに「端数は誰がもつか」「誰が領収書をもらうか」といった話し合いがもたれます。

お金の話は下品だと言いながら人前でお金の計算をして、誰が得だ損だといった話をする。そのほうがよっぽど下品なのではないのか？　と。

なるほど、日本人の不思議議発見です。

出費が少なくても友情にならないなら無駄金

割り勘は特に若い世代に定着していますが、知人に訊ねたところ「気楽だから」ということです。

おごってもらえば覚えておかねばならないし、借りを作るのも嫌なのでおごってもらっても素直にうれしいと思えない。割り勘なら後々面倒がないからと。

華僑は逆に、後々のことを考えて割り勘をしません。

おごりおごられるから次につながるのであって、割り勘したらそこで終わるじゃないか、という考え方なのです。

この考え方をぜひ取り入れてください。

割り勘がいいという相手を説き伏せる必要はありません。これからつながりたい人、つながりを深めたい人とは割り勘をせず、まずは自分がお金を出しましょう。そこからおごりおごられる関係を作っていけばよいですね。


中国では、誘う人がお金を出すのが一般的です。「今日は俺がおごるからみんな来てくれ」と呼びかけるので、最初から誰が払うか決まっています。

さらに、その食事の場で「次は誰のおごりでどこの店へ行き何を食べるか」が決まります。次は俺が出すよ、いや私に出させてよと皆が言い、おいしい店自慢で盛り上がり、最終的に落ち着くといった具合です。

お金を出す順番が決まっているわけではなく、いつも固定のメンバーというわけでもありません。それでも、おごられてばかりの人はいませんし、自分はおごってばかりだと不平を言う人もいません。

「友情」にもいろいろな意味と段階がある

皆が競うようにおごりたがるのは、お金を出す人の周りに人が集まるからです。「1万円で友情になるなら安いもの、2500円で友情にならないなら無駄金だ」

日本語では友情は友情ですが、中国語では「友情」「友誼」「情誼」など、友情の段階や意味合いによって使い分けられています。いろいろな友情があるということですね（ちなみに「仲間」は、私には覚えきれないほど細分化されています）。

「1万円で友情になるなら安い」の友情には、仲がよいだけでなく「実質使えるかどうか」の視点が入っています。ですから、まったくメリットのない人は誘いません。

華僑にとって食事の場は、自分にとって役立つ相手を見極める場でもあります。

そして役立ちそうな友だちとの関係をつないでおくために、お互いわざと食事の場で貸し借りを作っているのだともいえます。

「お金の話ができる友だち」を見極めるためにも、まずは自分からおごり、お金の話ができる友だちとの付き合いを優先してください。

そして雑談友だち、割り勘友だちには「ちょっと待って」もらいましょう。

「まあお金（仕事）の話は置いておいて」の付き合いは置いておいて、ということですね。

深い情でつながっている人との友情はもちろん大切ですし、気軽な友だちとの友情も楽しいものです。

ただ、ひとまとめに「友情」と捉えると、今付き合うべき人を判断しづらくなります。いろいろな友情があることを認識しておくほうがよいですね。

デキるライバルを応援しよう

――華僑は割り込まれても怒らない

よいことも悪いことも想定して根回しをする。運がよくなって当然です。根回しのお金は、引き寄せた運をしっかりつかむための必要経費ですね。

気をつけるべきは、元々の想定に「思い込み」や「決めつけ」がないかどうかです。例えば、日本ではきちんと列を作って並ぶのが当たり前です。銀行のＡＴＭでもラーメン屋でも皆おとなしく並んで順番を待ちます。

しかし中国人は並びません。ですから中国人が列に割り込んできたり、順番を無視して先頭に立とうとすれば、皆「びっくり」するわけです。

中国人が並ばないのは、マナーを知らないというよりは歴史や文化の違いが大きいのですが、何にしても日本人は「行列には並ぶもの、順番は守るもの」と思い込んでいるからびっくりするのですね。

確実・絶対のルールなどない

　行列に並ぶルールは、人間社会全般に適用されるものではありません。生存本能から考えれば、おとなしく順番待ちをする人が生き残れる確率は極めて低いので。ビジネスも同様です。会社など組織内には序列がありますが、ビジネス界全体に順番待ちのルールなどありません。

　社内のルールにしても今は一応そうなっているだけで、会社が生き残るための突然のルール変更はよくあることです。社外から抜擢された人物が割り込んでくるなどですね。

　そこでびっくりする人は、あり得ないと思い込んでいるからびっくりするわけです。「自分の常識内」で想定していては、割り込まれるリスクはもとより、自分が割り込むチャンスも想定内にすることはできません。

　華僑はもちろん割り込みを想定しています。

割り込まれても「10人割り込んでくると思っていたが5人でよかったな」と笑うくらいです。10人割り込む想定で根回しをしておき、抜擢を感じたらすぐに動きます。

やり手を潰せば自分も潰れる

動くといっても、ライバルを潰しにかかるのではありません。うまく牽制するか、流れに乗じて自分にメリットがある方向に動きます。

ライバルにも決して敵対することはなく、むしろライバルを応援してやります。抜擢されるくらい優秀な人はもっと出世していく可能性が高いですから、応援していればライバルが出世した時に自分も得するわけです。反対にライバルを敵視して邪魔すれば、蹴落とされてしまいます。

華僑は序列にかかわらず、「やり手」を潰すことはしません。

日本人は特に下からの割り込みを恐れて、やり手の後輩や部下を潰そうとしがちです。自分の邪魔になりそうな奴は、小さな芽のうちに摘んでおこうという考えですね。

しかし優秀な後輩を潰せば、自分が後輩の優秀な仕事をカバーしなければなりません。優秀な部下を潰せば成績が落ち、自分の評価も落ちます。それよりも目をかけて育ててあげたほうが得なのです。

経営者視点で見ればもっとシンプルです。

やり手を潰す人は会社に損をさせる人、やり手を育てる人は会社に利をもたらす人。経営者がどちらを抜擢するかは明らかですね。

とはいえ、華僑はどんな芽も摘まないわけではありません。将来トゲを出す芽は容赦なく摘み取る一面もあります。

「これしかない」と思い込まないこと、目の前の損得ではなく先々まで読んで判断すること。それが、お金の運を引き寄せ続ける華僑的合理思考の共通点です。

自由に動ける時間を増やそう

——華僑は「忙しい」と言わない

第1章の67ページで「社員（労働者）の資本は時間だ」と述べましたが、まさに華僑は時間＝お金と考えています。単純な話、ビジネスに投入する時間が長いというのも華僑がお金持ちになる理由のひとつです。

では、いつも仕事に追われていて忙しいのかといえばそうではなく、彼らの仕事ぶりを見ていると余裕すら感じます。もちろん実際に忙しい時はあるわけですが、忙しいと言う人はあまりいません。華僑社会では「忙しい」は禁句なのです。

ボスはいつも言っています。

「忙しいは絶対ダメ。いつも忙しい、時間がないと言ってる人に頼みごとしますか？　新しい仕事与えますか？　忙しい人はチャンスないんです」

忙しい＝仕事ができるアピールにはならない

日本では、忙しい＝一生懸命仕事をしているアピールのようになっています。

私もサラリーマン時代に経験がありますが、暇にしていると真面目にやっていないと思われるのですね。早朝に出社して午後3時には外回りから帰社、雑用を片付けたら後は飲みに行くのを待つばかり。そんな私は上司からよく忠告を受けていました。「周囲の手前、忙しいフリをしろ」と。

しかしボスの言葉から分かるように、忙しいと言う人は実はそこ止まり。「頑張っていますね」以上の評価は得られないのです。

新しいプロジェクトがあるとして、いつもパンパンでほかのことを考える余地のない人がメンバーに選ばれる可能性は低いでしょう。

その点、忙しくない私はたくさんのチャンスを得ていました。部長や所長クラスの上司から声がかかり、新しい仕事や部署を任せてもらえることもありました。

時間の活用より「いかに空けるか」が重要

忙しいそぶりを見せるのは損だとして、現実的に余裕がない状態であればチャンスをつかむことはできません。

チャンスの女神には前髪しかないと言いますが、華僑社会では「今この時」動ける人だけにチャンスが与えられます。「女神を走らせるから10分以内に来い」と。「ちょっと待って」は一切通用しませんので、すぐに動けない人はアウトです。

ですから華僑は（私も）時間の有効活用よりも何よりも、「いかにスケジュールを埋めないか」を考えています。

華僑社会に限らず突発事項に対応できる人は高く評価されますし、多くのチャンスに恵まれるものです。逆に常にスケジュールがぎっしりで動けない人は、いつも出遅れて悔しい思いをするばかりか、そのうち声もかからなくなってしまいます。

お金の運を呼び寄せるには、できるだけスケジュールを埋めず、自由に動ける時間を確保しておくことが大切なのです。

「そう言われてもサラリーマンの立場では難しい」という声が聞こえてきそうですが、私はノルマが厳しかったサラリーマン時代から実践し続けています。

その秘訣は次の二つ。二つを融合させて自分なりに工夫してみてください。

一つは、華僑のように、ビジネスとプライベートをはっきり区切らないこと。「会社にいる時間は自分の時間ではない」と思わないことです。

人生の多くの時間を仕事に費やすのですから、会社の奴隷のような気持ちで働くのは面白くありません。会社員であっても何であっても、自分の仕事は自分のビジネスです。会社員なら会社員というスタイルを選んでいるだけですね。

自分のビジネスだと考えれば、24時間すべてが自分の時間です。まわりの人と同じように平日の9時から17時に縛られる必要はないのです。

もう一つは、動かせない予定を減らすこと。実際のところ「絶対にこの時間でなければならない」「絶対に自分でなければならない」予定ばかりではないでしょう。仕事内容にもよりますが、動かせない予定を減らす工夫はできるはずです。

例えば外回りが多い人であれば、

- **「14時前後」や「13時から15時の間」など幅をもたせた「ゆるアポ」にしておく**
- **自分の業務や状況などを周囲に共有して、自分にしか分からないことを減らす**
- **できるだけ一人で動かず同行者と行く予定にしておく**

特に華僑の約束は「ゆるアポ」が基本です。友だちとの約束や社内の小さな会議などは「遅れるかもしれない」「もし行けなかったらごめん」と、事前にひと言添えておきます。

実際に遅刻やドタキャンをしても、フォローを忘れず仕事でもきちんと成果を出せば「仕方がないな」と許してもらえます。

普段から信頼の基礎を固めておけば、周囲に融通してもらえるのですね。結果的に自分が融通の利く人間になり業績に貢献できるわけですから、会社にとっても都合がよく、うまくやれば評価アップにもつながります。

融通してもらうために小さな贈り物を欠かさない

ここでの「お金術」ですが、社内でも社外でも機嫌よく融通してもらえるよう、上手にお金を使いましょう。

サラリーマン時代に私がよくやっていたのは、小さな差し入れです。あめやチョコレートなどの分けられるお菓子類を訪問した会社のスタッフさんに差し入れしたり、バックオフィスに配ったりしていました。

差し入れといえば、有名店のスイーツなど特別なものでなければ喜ばれないと思いがちですが、実は普段から小さな差し入れを欠かさないほうが有効なのです。お金がかかる特別なプレゼントはたまにしかできませんので、その時は喜ばれてもすぐに忘れられてしまいます。

贈り物文化が根付いている華僑社会でも、たまに素晴らしい贈り物をするより常に贈り物を欠かさないほうが、相手への敬意を表す上で有効。いざという時、お願いごとを聞いてもらいやすいのです。

第4章

お金の器を広げる

みんなができないことを選択しよう

――華僑は周囲の反対を喜ぶ

お金の運を引き寄せても、お金が入ってくる器が小さければ受け止められません。第４章では、お金に関する器（マインド）を大きく広げていきましょう。

まずは選択の基準を変えることです。

うまくいかない時や迷った時、華僑の基準はとてもシンプルです。その基準とは「みんなと同じを避ける」こと。

「みんながやっていないことを探す」「みんなができないことをやる」「みんなが反対しても可能性を見いだす」「みんなが考えていないところまで考える」「みんなと違う結果を求める」

華僑は常に、自分の思考や行動が「みんなと同じ」になっていないかをチェックしています。「みんなと同じ」を選択すれば、華僑がいちばん避けたい「普通」になってしまうからですね。

まずは「みんなと同じ」をやってみる

横並び意識の強い日本人はまず「みんなと同じで安心」した上で、みんなと違うオリジナリティや、みんなより少し上の生活を求めます。

「みんなと同じは嫌だ」と言いながらベースはみんなと同じでないと不安、そういう人が多いように思います。

そんな中でもお金に関して向上心のある人、つまりあなたは、横並びから抜けたいという意欲が強いのではないでしょうか。

逆に、まずはテストの意味で、みんなと同じことをどんどんやってみてもよいかもしれません。

宋は「みんなと同じことを試してみて、失敗を経験するのもいいじゃないか」と言います。

華僑といえども、最初から順風満帆で何の苦労もなくお金持ちになれるわけではありません。

華僑の多くはお金も知識も何もない状態からスタートします。その生活は昔の日本の貧乏学生さながら。仕事といっても新聞配達や皿洗いやビルの清掃などで、みんなと違うことなど考える余裕もありません。

そこから生きる道を見つけた人が華僑として成功していくのです。

貧乏留学生から華僑になったKの話

3年前に会社を興したKは、本人いわく「ぐちゃぐちゃだった」状態から抜け出したばかりです。

留学で日本へやって来た彼は、やはり貧乏生活を送り、なんとか大学を卒業。いろいろと小さいビジネスにチャレンジしたものの、どれも不発で、ボスのところへ駆け込みました。

若くして結婚し、子どももいるのに食べていけない。会社を作ってしっかりビジネスをしたいと。

序章で述べたように、ボスは成功する方法は教えません。失敗させて学ばせるのがボス流の指導です。

またボスは「2年やってダメなら何年やってもダメ」だと、必ず期限を切って目標を立てさせます（私は自ら1年後に起業すると宣言したのですが）。

ボスはKに「2年で出ろ」と言って、格安のオフィスを手配しました。

1年目は、自由旅行の手伝いや軍服の販売、紙おむつの転売など、いろいろやってすべてダメ。友だちから借金してもお金がついていかず、二人目の子どももできて、さあ大変。という中で、彼は「みんなと同じことをするからダメだ」と気づいたのです。

そして2年目、和包丁の仕入れに動きました。日本料理のプロが使う和包丁を、中国の料理人に売ろうと考えたわけです。

しかし、モノは日本の鍛冶職人が作る高級品、扱うのは老舗の有名メーカー、こちらは設立2年目で実績もない中国人の会社ですから、そうやすやすと相手にしてもらえるわけはありません。

それでもKは諦めずに何度もお願いして、遠方でも足を運びました。借金があり通帳残高は20万円にもかかわらず、高価な包丁を注文して取引につなげました。

その結果、3年目で年商2億円。スタッフは奥さんと中国人一人だけです。さまざまな板や砥石《といし》、さらにキッチン用品へとラインナップを増やし、今では上場企業とも取引しています。総代理店契約も多数獲得して、来期は4億円見込めるそうです。

みんなが反対することにこそ可能性がある

「そんな高い包丁が売れるわけがない、取引も無理、みんなに反対されたよ。でもみんな反対するからできると思った。中国は料理レベル高いのに道具は普通。でもこだわる人はこだわるからね」

彼の読みは当たったわけですね。上海の5つ星ホテルの副料理長が10本買ってくれた、今年は上海で展示会も開くとうれしそうに言っていました。

彼は「お金持ちになる途中」の華僑として走り出したばかり。その一歩を押し出したのが、みんなと同じではうまくいかないという経験です。

その経験から、みんなに反対されても、無理だと言われても、だからこそ可能性があるという華僑思考に至ったのです。

宋が言うように、みんなと同じ流行に乗ってみて、ダメだという確認をするのもよいかもしれません。

しかし、あなたはすでに経験しているのではないでしょうか？　お金や成功はみんなと同じではダメだと経験上知っているのではないでしょうか？

であれば、確信して「みんなができないことを選択する」のみですね。

一歩先の自分を追いかけよう

――華僑は話を〝盛る〟

お金の器を広げるには、大きな目標を掲げること、未来の自分の姿をイメージすることも大切です。それは今の自分とはかけ離れていてもよいのです。

ただ、そこへ行き着くには道案内が必要であり、道案内はほかならぬ自分です。いつも自分に一歩先を歩かせて追いついていけば、長いと思っていた道のりが短くなります。短く感じられるのではなく、実際に短くなるのです。

一歩先の自分が見えるようになる、楽しい方法をお教えしましょう。

それは〝盛る〟ことです。

積み増す中国人、差し引く日本人

中国人が話を盛ることは有名ですが、その盛り度は間違いなく世界一です。過去の武勇伝的なストーリーや記録を大きく盛るのは当たり前。現在の年収を訊いても2倍くらいは平気で盛ります。持ち物や贈り物の値段などはどこまで盛っているのか見当もつきません。会社の業績や従業員数なども、盛っているという前提で聞いたほうが無難です。

対して慎重かつ謙遜を美徳とする日本人は、何事も少なめ・控えめに言うのがスタンダードです。そんな日本人から見れば、中国人同士でトラブルにならないのかと心配になりますが、盛っているのがバレバレなので問題ないのです。最初からお互いに値引いて相手の話を聞いています。

食事の誘いなど「10万円おごる」と誘われたら1000円、「次は20万円用意しとくよ」と誘って2000円。盛るのもコミュニケーションのうちなのですね。

華僑も盛りますが、中国人よりも戦略的です。習慣的な盛りグセは抑えて相手を見て盛りますし、相手の反応を見るために盛ります。

第2章（92ページ）で紹介した「値切り」と同じく、盛り慣れている人は交渉上手でお金持ちの人が多いものです。

盛った自分＝一歩先の自分

「お金持ちになる途中」の華僑は、盛った自分に追いつこうと努力します。盛っただけでは自身の面子が立たないので、いかにして早く追いつくかを考え、実際に追いついていくのです。

あまりおおっぴらには言えませんが、私も特に起業初期は数字を盛りまくっていました。そして盛った数字をクリアしていきました。

自分を盛ると自分でも「その気」になってどんどん前進していけます。ただし嘘はいけません。自分に嘘をつくと自分で自分が分からなくなりますし、周りにも迷惑をかけます。

「盛る」と「嘘をつく」のは違います。

小さい話を大きくするのが「盛る」ことであり、ありもしない作り話や虚言とは別ものです。今はまだ達していないが、自分なら達成できる。そういう数字や話を盛るのは悪いことではありません。

年収を200万円アップさせたいなら200万円盛ればよいのです。

商談が決まらなくても断られなければ「90％決まりだな」と盛りトークで周りも盛り上げればよいのです。

最近の日本人には「そのままの自分でいい」というメッセージがウケるようですが、攻めるなら自分を盛ってください。

盛った自分＝一歩先の自分です。

一歩先の自分を想定して話や数字を盛り、それに追いつくように自分を合わせていきましょう。その成功体験が、また一歩先の自分を見せてくれます。

損を取り返そうとするのはやめよう
――華僑は失敗してもやり直さない

お金に対する人間の器が分かるのは、お金で損をした時です。

誰でも、損をすればヘコみます。損が大きいほど怒り、嘆き、悩み、苦しむ。人間ですから仕方がありません。


華僑も損をすればヘコみますが、「損も経験に交換できる」と考えるのが華僑です。日本で言う「転んでもただでは起きない」と同様のようで、実は違います。

華僑は、転んだ場所（損した件）で何らかの利益をつかんでから起き上がろうとは考えません。損をした件にこだわればいつまでも起き上がれず、転んだ場所から動けなくなるからです。

転んだら転んだ場所に止まらない

在哪里跌倒　从哪里站起来（ここで倒れたから、ここで立て直す）

宋に教わった中国の格言です。

「失敗してももう一度やり直そう」と、前向きな意味で使われているようですが、宋はこれをお金持ちにはなれない考え方として挙げました。

「コケたところには何かあります。石や穴、コケた原因がある。損したらそこに損した原因が必ずあります。同じところでやり直そうとしても同じ失敗する。違う道を探すのがいい」

今回は損したが次こそはと、同じことに再チャレンジするのはよくないということですね。私の経験からしてもそれは確かです。損した原因には少なからずタイミングの要素があります。時の運もありますが、自分には時期尚早だったということも少なくありません。

経験を買う、とは損を取り返すことではない

私は起業2年目という早い段階で、歯科医院の経営に乗り出しました。

歯科用医療機器を扱い、歯科医院の経営のことも分かっているつもりだったので、自分が経営すれば必ず儲かると考えたのです。そこで、知り合いから紹介された女性歯科医と組んでクリニックを開業しました。

お金を出したのは私で、3千数百万円投資しました。そして現場の業務もお金の管理もその女性歯科医に任せていました。

結局うまくいかず開業から1年も経たないうちに閉じることになったのですが、そこで事件が起きました。彼女が医院名義のお金を自分のお金だと主張したのです。通帳も印鑑も彼女が持っていたので手出しできず、弁護士を介して交渉しましたが、不本意な形で譲歩することとなり多額の損失を出しました。

裁判をすれば取り返せたかもしれません。しかし、損を取り返すよりも次へ進もうと損切りを選びました。早く起き上がって損した場所から動いたほうがよいと考えた

からです。

失敗の原因はいろいろとありますが、一番はタイミング。客観的に見ても明らかに相手がおかしいとはいえ、私の経営者としての未熟さが招いた事態でもあります。当時の私は、医院経営をするには早すぎたのです。

ですから再チャレンジはせず、本業の医療機器販売に力を入れました。そして損した分の倍のお金を稼ぎました。

その後も医院経営のチャンスは何度か訪れました。しかしまだその時期ではないと見送ってきました。タイミングをつかんだのは起業8年目。現在、医療法人の理事として医院経営に参画しています。

「損を経験に交換できる」と言ったのはパートナーの宋ですが、言葉通り、損したお金で経験を買ったということですね。

「経験を買うこと」と「損を取り返すこと」はイコールではありません。買った経験を別の場所、別のタイミングで使い、お金儲けをしてこそ買った意味があるのです。

気を遣うより
お金を使おう
——華僑は独り占めしない

前項では損をした時について述べましたが、今度は自分が得をした時にどうすべきか、です。

例えば、チームで取り組んでいるプロジェクトであなたの功績が認められ、会社から臨時のボーナスが出たとします。そのお金をどう使うか？

試しに何人かに訊いてみると、３つのタイプに分かれました。

多かった順に、

①自由なお金だから家族には内緒にして自分のために使う
②一目散に家に持って帰って家族と相談する
③チームのみんなで飲みに行ってパーッと使う

あなたはどれに当てはまりますか？

華僑は③です。

ただし、華僑の場合は、臨時ボーナスが出なくても自腹を切ってみんなにごちそうします。「実績を作れたのはみんなの力だから、達成感をみんなで味わおう」と。

日本人を見ても、そういうお金の使い方ができる人は自然とリーダーになって出世していきますね。

自由なお金こそ人に使いましょう。それが「お金の器が広がる使い方」です。

気遣いにパワーを費やす人は大成しない

「気を遣うより頭を使え」と言いますが、華僑に言わせれば「気を遣うよりお金を使え」です。頭を使うのは当たり前。頭を使ってお金を賢く使え、ですね。

頭を使って考えるべきは「欲しい結果」つまり「目的」から逆算して何をすべきか。

実績を作るのは何のためか？　よくやったと褒められるため？　一時的なボーナス

を得るため？

本当に欲しい結果は、目の前にはなくもっと先にあるはずです。

会社員であれば立身出世でしょうし、経営者であれば次の取引に結びつけて利益を上げ、ビジネスを継続させることです。さらに先を見れば、安心で豊かな生活や人生の達成感を得ることが「欲しい結果」ではないでしょうか。

その結果を得るために、まず目の前のことをどうすべきか、ですね。

気を遣う人の特徴は「目の前しか見ていない」ことです。

人間関係やチームの空気を悪くしないことが目的になっている人、他人の言葉や態度に過敏に反応して疲れている人。あなたの周りにもいるのではないでしょうか。

気遣いにパワーを費やす人は肝心の仕事で成果を出せないことが多いですが、たとえ成果を出しても偉そうに思われないように気を遣います。

また、目の前しか見ていないので、褒め言葉やボーナスをもらうことで満足するのです。満足するということは、それが自分の「欲しい結果」ということですから、人のために使おうという考えは出てこないのですね。

10儲けたら8渡して2取る

私が心に留めているのは「自分は少なく仲間に多く」「自分が取るのは最後」というボスの教えです。10儲けたら8割はパートナーや仲間たちに分配し、残りの2割を自分が取る。これが基本だと。

ケチだと思われたくないからではありません。儲け続けたいからです。いくら言葉で「あなたが大切だ」「いつも感謝している」と伝えたところで、お金がついてこなければ人はついてきません。動いてくれる人がいなければ自分が動かなければなりません。自分がチームの頭脳として主導し儲け続けるためにも、動いてくれる人を優先したほうが得なのです。

人を動かすにはたくさんお金を渡さないといけないと思い込んでいる人も多いようですが、重要なのは金額ではなく割合です。8対2の割合を見せれば、みんなでもっと大きく儲けようとパフォーマンスを発揮してくれるのです。

白黒つけずに余地を残そう

——華僑は約束しない

華僑は何事も一つのロジックを当てはめて万全とは考えません。これまでに何度も登場した「想定外をなくす」に関しても、華僑は2通りの考え方を併せもっています。

①「想定外をなくす」＝「隙をなくす」

起こり得ることを予想し、綿密に対策して危険やトラブルが入り込む余地をなくそうという考え方です。予習型で段取り好きな日本人は華僑よりも得意でしょう。

②「想定外をなくす」＝「余地を残す」

予期せぬ事態に備えて、どうとでも柔軟に対応できるグレーゾーンを残しておくという考え方です。こちらは華僑の得意分野で日本人は苦手です。

①には限界があります。つまり、①を超えた想定外をカバーするのが②なのです。

話し合いの余地を残すために「断言しない」

華僑がよく口にする次の言葉は、②の方法です。

講話一定要留有余地（話をする余地を残す）

話し合いの余地を残すために重要なのは、不用意に「言い切らない」こと。

例えば1000万円の売り上げがほぼ確実で、うまくいけば3000万円見込めるビジネスがあるとします。華僑は商談時に数字を盛ることはありますが、「必ず1000万円達成する」「3000万円まで狙える」などと断言することはありません。特に現実的な経過報告の際には盛ることはせず、「この状況ですと3000万円狙う人もいると思いますが、状況が変わる可能性は十分に考えられますので、1000万円を突破した時に、その時の状況を詳しく報告させていただきます」と言いながら、相手の期待に沿うように動くのです。

これは自分を守るだけでなく、相手を守ることにもなります。相手の担当者が「1000万円は確実、期待値3000万円」と上に報告して達成できなかった場合、担当者が責任を問われることになりかねません。自分が相手に期待する立場であっても、相手に約束させません。約束を果たせなかった時に相手を追いつめることになるからです。

追いつめれば「話をする余地」がなくなります。誰かに責任を取らせなければならない、誰かを悪者にして決着させなければなりません。まさに「予期せぬこと」を想定しているからこそ、話し合いの余地を残しているのです。

お金の器の容量＝可能性

序章でも述べましたが、華僑はあらかじめ決められたルールよりも、人間同士でその都度ルールを作ればよいという考え方です。決められたルールでは白黒つけることしかできません。しかし人間同士で話し合えばさまざまな可能性が拓けます。儲かると想定して儲からなかった時も同様。誰かのせいにして終わらせず、次のビジネスに活かして取り分を調整するなど、チャンスを見つける方向で話し合いをします。

お金の器の容量=可能性です。可能性を限定すれば器の容量はそこまでです。

華僑同士のやりとりは、実はもっと高度です。相手に分からないようにグレーゾーンの駆け引きをして、相手に察知されたらこちらの負け。本音の10％しか口に出さず、その10％で本当に言いたいことが分かる人はレベルが高い。

私は慣れましたが、華僑の域に達するには環境から変える必要がありそうです。

まずは「言い切らない」テクニックを上達させることですね。話し合いの余地としていくつかの可能性を考えておくと、なおよいですね。

「みんなの評価」を賢く使おう
――華僑は悪い人とも付き合う

次の3人のうちで、あなたは誰と付き合いますか？　誰と付き合わないですか？

Aさんは、同期の出世頭で人望も厚く、次期部長と目されています。
Bさんは、真面目でミスも少なく、既定路線を順調に歩んでいます。
Cさんは、サボってばかりで上司ウケも悪く、万年ヒラと囁かれています。

華僑の回答を先にバラしてしまいましょう。

Aさん：付き合う
Bさん：付き合わない

Cさん：付き合う

おそらく、多くの人の回答と一致するのはAさん、一致しないのはCさんでしょう。Bさんについては、答えが分かれるかもしれません。

評判の悪い人も「みんなと同じ」ではない

Bさんと付き合わない（もしくはどちらでもいい）と答えた人は、華僑流をだいぶ理解していると言えますね。さらに一歩進みましょう。

130ページで述べたように華僑は「みんなと同じを避ける」という基準をもっています。想定通りで可もなく不可もないBさんは「みんなと同じ」。華僑にとって積極的に付き合いたい相手ではありません。

ポイントはCさんです。評判が悪いCさんとなぜ付き合うのか？

華僑の基準に照らし合わせると、Aさんは「みんなと同じ」よりも上、Cさんは「みんなと同じ」よりも下。そうです、Cさんも「みんなと同じ」ではないのです。

Aさんも C さんも想定通りではない。よいも悪いも理由があるはずだ。それを知って自分の想定内にしようという考えで、Cさんとも付き合うのです。

そういう意味で華僑は分かりやすく、「よい人と悪い人と付き合う」と言います。悪い人と言っても反社会的に悪いとされる人ではありません。悪知恵が働く、私利私欲に走る、怠ける、規則を無視するなどで評判の悪い人と考えてください。

康熙帝はなぜ悪い大臣をクビにしなかったのか?

よい人はもちろん、悪い人にも付き合うメリットはあります。

清の第4代皇帝「康熙帝《こうきてい》」をご存知でしょうか。私のパートナーの宋は、「悪い人とも付き合う」メリットを康熙帝の逸話で説明してくれました。

康熙帝に仕えた「よい大臣」と「悪い大臣」の話です。

よい大臣は、聡明で正義感が強く、国民のために職務にいそしみ、帝にも嘘偽りなく報告する清廉な人物。康熙帝からの信頼も厚い。

一方、悪い大臣は商人から賄賂を受け取ったり、手抜き工事の口止めに裏金を要求するなど私腹を肥やすことに熱心で、帝にもでたらめの報告ばかり。

さっさとクビにしてしまえばよさそうなものですが、康熙帝は悪い大臣を不問に付していました。

なぜ康熙帝は悪い大臣を置いておいたのでしょうか？

理由は二つあります。

一つは、悪役がいなければ正義の味方は生まれないからです。

悪い大臣がいるからこそよい大臣の価値が際立ち、よい大臣はより誠実でよい仕事をします。清廉潔白をウリにするよい大臣は、自ら悪に染まろうとはしません。悪い大臣に買収されるリスクも減らせるのです。

またよい大臣は、帝の信頼を固めて悪い大臣より優位に立とうとするので、悪い大臣の所業もしっかり報告してくれます。悪い大臣がいくらうまくごまかしても、帝は真実を知ることができるわけです。

もう一つの理由は、悪い大臣から金品を献上させることができるからです。悪い大臣は悪事の露呈を恐れつつ、帝にバレていることも勘づいています。ですから立場が危うくなる前に先手を打ちます。帝に金銀を渡して見逃してもらおうとするわけです。

もちろん見逃してもらう代償としてではなく、ほかの口実で献上するので帝は賄賂を受け取ることにはなりません。

さらに、悪い大臣は使い切れない金銀財宝を埋めるなどして隠しています。奪おうと思えばいつでも奪えるのです。

賢い＝ずる賢い＝利口

現代に置き換えても、「悪い人」には同様のメリットがあるといえますが、ビジネスシーンで活かすならアレンジする必要はありますね。

お金に貪欲で評判の悪い人は、お金で動きます。お金が絡めば、みんながやりたがらないことでも引き受けます。要するに「使える人」なのです。

前述のCさんのように出世を捨てた人も、楽して給料を得ているという一面もありますし、会社の仕事はサボって社外で活動している可能性もあります。そこに目をつければ「使いよう」も見えてくるでしょう。

また、本当にやる気も実力もなく会社にしがみついている人は、みんなが嫌がることの引き受け役になります。誰かが遠方へ出向しなければならない場合など、真っ先に候補に上がるでしょう。その人がいてくれるおかげで、自分が出向やリストラの候補にならずに済むわけです。

ずるい考え方だと思いますか？

中国では賢い＝ずる賢いです。前述の康熙帝と「よい大臣」「悪い大臣」の中で、いちばんずる賢いのは実は康熙帝ですね。

「ずる賢い」という言葉に抵抗があるならば「利口（抜け目がなく要領がよい）」と言い換えてもよいでしょう。勉強ができる頭のよさや勤勉さだけでお金持ちになれる人は、ほんのひと握りです。華僑のようにゼロからお金持ちになろうとするなら、利口さは必要不可欠なのです。

第5章

お金持ちから学ぶ

「上司の行きつけの店」を知ろう

——華僑は居酒屋へ行かない

第5章では、お金持ちから直接お金について学ぶ方法をお伝えします。お金持ちになる方法や情報は、お金持ちしか知りません。

お金持ちといってもいろいろですが、先生としてベターなのは華僑のように「ゼロからお金持ちになった人」です。家が裕福など、もともとのお金持ちが持っているのは、お金持ちで居続ける方法であってお金持ちになる方法ではないからです。

初めに、お金持ちに学ぶ上での注意点を書いておきます。

①お金持ちはあくまでも「先生」

仲良くなっても先生という位置づけを忘れてはいけません。人脈として使おうなどとは考えないことです。人脈になるのは自分もお金持ちになった後ですね。

②お金で教えを買わない

「お金を払うので教えてください」という姿勢はいいように思えますが、売り手と買い手の取引で終わる可能性が高いです。お金の切れ目が縁の切れ目になってしまいます。

ただし②に関しては、何のメリットもない相手に教えてくれるわけもありません。

では、お金持ちに先生になってもらうためには、何を差し出せばよいのか？　それも本書を読めば分かります。

「いつもの居酒屋」にはお金持ちはいない

「どうやったらお金持ちと知り合えるんですか？」

お金持ちに学ぼうと言った時、必ず出てくる質問です。

お金持ちと知り合う機会がない。それはお金持ちがいる場所に行かないからです。

あなたはどうですか？　居酒屋で会社の同僚と一杯やって帰るのがいつものパターンになっていませんか？

華僑はサラリーマンでも赤提灯の付き合いはほぼしません。赤提灯の暖簾の中にいるのは「普通」の人だからです。同僚など会社関係の付き合いはランチが基本。お酒の付き合いをするのは、本音を引き出すなど何か意図がある場合に限ります。

もしあなたが安居酒屋で日々お金を使っているなら、回数を減らして、80ページのように「体験を買う」ことにお金を使い、そこで社交性を発揮してください。

初めは体験だけでもよいですが、そこにいるお金持ちとつながりたいなら直接声をかけなければ始まりません。

とはいえ社交下手な日本人が赤の他人、しかもお金持ちに声をかけるのはハードルが高い。そこで、お金持ちから直接学ぶ第一歩として目を向けていただきたいのが、「上司」です。

相手のデメリットを取り除くのがコツ

上司はいちばん身近にいるお金持ちです。大金持ちでなくても、自分よりも収入が多いことは確かですね。ただ、直属の上司ではそれほど差がありませんので、なるべく上の役職をイメージしてください。

あなたがヒラ社員なら部長、あなたが課長なら本部長や役員。少人数の会社に勤めているなら社長でもいいでしょう。

あなたがギリギリ接点をもてる上司に声をかけて、その人の行きつけの店を教えてもらってください。

これは「お金持ちから直接学ぶ」練習です。お金持ちと出会うことが目的ではありません。

せっかく上の人との接点があるのに、二言三言挨拶程度の会話しかしないのはもったいない。一歩近づいてみましょう。

「ところで部長はきっといいお店をご存知ですよね。実は週末に田舎の両親が来るんです。ちょっといい店に連れて行きたいと思ってるんですが、私、普段は居酒屋ばかりで店を知らないものですから。よかったら部長のおすすめのお店を教えてもらえませんか」

プライドをくすぐれば喜んで教えてくれるはずです。

上司が知る最も高い店を教えてもらいたければ、「姉の結婚相手との会食の手配を頼まれたんですが、相手がすごいエリートで」などと言えばよいでしょう。

いずれも週末に設定するか、会話の中に日時を入れておくことで「バッティングしたら嫌だ」という上司の心配を払拭することができます。

また、上司としての責任を感じさせないために、仕事がらみではなく個人的なお願いにすることもポイントです。個人の話にすることで、仕事を離れた先生と生徒の関係を作りやすくもなります。

話が細かくなりましたが、これもずばり華僑流です。

華僑は常に相手のメリットを考えますが、下の者が上の者にメリットを与えることは難しいことですし、身のほど知らずの無礼者扱いされてしまいます。

下から上へは「お願い」するのが一番。お願いを聞いてもらうには、相手にデメリットがないことを伝えなければいけません。つまり断る理由をなくすということですね。そして、下の立場だからこそできるのが、言葉は悪いですが「上の人の面子を利用する」ことです。

教えてもらったら必ずフィードバックする

上司の行きつけを教えてもらったら、必ずその店へ行ってください。そして店や料理をよく観察して、お礼かたがた上司に報告してください。

教えてもらった店がいかに素晴らしかったか、自分が何を学べたか、どんな結果が得られたか。上司はもっといろいろと教えてくれるはずです。

私も、下の立場の人に対してよく思うのですが、教えてもやらない人や、教えても手応えのない人には教えたくありません。それこそお金をもらうなら教えてもいいけれど、ということになります。

お金持ちから直接学ぶ際は、教えてもらったことを実践し、結果を出してフィードバックするのが最良といえるでしょう。

「お金持ちにとっての先生」を知ろう

――華僑は先人に学ぶ

お金持ちはお金持ちとしか付き合わないと思われがちですが、そうとも限りません。ピラミッドをイメージしてください。上のほうにいくほど体積が減りますよね。つまり、お金持ちになるほど同レベルの友人知人の数は減っていくのです。

いつも同じメンバーでつまらないと感じているお金持ちも多いですから、いきなり「弟子にしてください」などと言う私のような変人は面白がられます。難しく考えずに体当たりで飛び込んでみるのもよいと思います。

また、お金持ち＝完全無欠ではありません。お金持ちだから分からないことや、お金持ちだからこその悩みもあります。

お金持ちにも「先生」は必要なのです。「お金持ちにとっての先生」を知れば、お金持ちと付き合うコツが分かります。

誰でも「お金持ちにとっての先生」になれる

実は、誰でも「お金持ちにとっての先生」になれる可能性があります。もちろん、あなたも。あなたがお金持ちに教えられることは何でしょうか？

一つくらいは特技や趣味がありますよね、という話ではありません。あなたがお金持ちに教えられることは、あなたの周りにある「世間のリアル」です。

お金持ち同士だけで付き合うと、どうしても視野が狭くなります。華僑の言う「知らないことは想定外になる」ですね。それが分かっているお金持ちは下の人とも付き合うのです。

「誰でも先生になる」というのはボスの教えなのですが、そのボスの事務所はまるで病院の診察室さながら。いろいろな人がひっきりなしに訪れます。

ボスをはじめ、下の人とも付き合うお金持ちは、若者の価値観や流行への興味も旺盛です。それらの情報は唯一、下の立場から上の人へ差し出せるメリットといえます。

ただ、そうは言ってもメリットの交換とまではいきません。

「こいつ少しは役に立つな」と思ってもらえるように、相手に合わせて提供すべき情報を常に集めておくことですね。

「お金持ちが頼る先生」の教えを先に学ぶ

お金持ちが尊敬する先生とは誰でしょうか？　お金持ちが迷った時、悩んだ時に頼る先生とは？

それは「偉大な先人」です。歴史に名を残す偉人たち。その教えを学べるのは「古典」です。

なぜお金持ちが古典に学ぶのかといえば、そこに原理原則を見いだせるからです。古くから受け継がれ今も残る古典の教えには、時代に左右されない普遍性があります。つまり、どのような場合にも応用できるということですね。

私の周りの熟練経営者を見ても「つまずいた時は目の前の問題から離れて、原理原則に戻る」という人は多いです。

ボスの教えも人間社会の原理原則です。具体的なノウハウや流行のメソッドではありません。原理原則ですから受け取り方も、活かし方も人それぞれでよいのですね。ボスはもちろん、華僑は皆子どもの頃から古典を学んでいます。

宋は、小学生の頃に『三国志』を読み、『論語』をはじめとする四書五経を学び、自ら興味をもって『孫子』を学んだとのこと。現在の愛読書は『紅顶商人』です。

また、宋がお父さんから「お金の流れを理解したければ間違いない」とすすめられた『資本論』は、華僑のマスト教材です。

お金持ちから教えを受ける上で、お金持ちが先生とする古典を読んでおけば話が早い。話が分かる相手としてレベルの高いことも教えてくれるでしょう。逆に知らなければ教えても無駄だと思われかねません。

古典は誰でも学べるものですので、ぜひ手に取ってください。

お金持ちの「大義名分」を用意しよう

――華僑は「お金お金」と言わない

あなたはお金持ちから何を教わりたいですか？　お金持ちになるマインドでしょうか？　お金持ちになるノウハウでしょうか？

どちらも欲しいのは当然として、マインドだけではご飯は食べられません。狙うべきはノウハウです。焦点を外すと、お金持ちの暇つぶしの相手になるだけです。

お金儲けのノウハウはタダでは手に入らないと考えるのが常識的。ですから多くの人はお金との交換でノウハウを手に入れようとします。

しかし161ページで述べたように、お金持ちに先生になってもらいたいのであれば、あなたはお客さんになるべきではありません。たとえ大枚をはたいても交換した時点で取引終了となり、それ以上は教えてもらえないからです。

また、ノウハウを買ってもうまくいかない人が多いのはご存知の通り。うまくいかない最大の理由は、我流にアレンジしてしまうからです。守破離の守（まずは先生の型を真似る）をスルーして自分なりのやり方でやろうとするからです。我流を防ぐためにも直接的・継続的に教えてもらう必要があるので、お金との交換はおすすめできないのです。

「あなたを儲けさせます」はダメ

お金持ちにメリットを感じてもらいたいならば、教えてもらったノウハウによる利益の還元を提示しましょう。ただし「あなたを儲けさせます」では、やはりお金持ちは動きません。

お金持ちだからもうお金儲けをしなくてよいということではありません。「お金だけで動くと思われたくない」のです。

では、お金持ちを動かすには何が必要なのか？　それが「大義名分」です。

お金儲けの大義名分＝ビジネスの理念と思ってよいでしょう。

いろいろな企業のホームページを覗いてみてください。だいたいどの企業も「社会のために」「お客様のために」というメッセージを含んだ理念を掲載しています。社会や人の役に立つことが第一の目的で、だからこそ利益を出してその活動を続けているのです、と。

ただのきれいごとではありません。事実、大義名分があるからビジネスを継続してお金儲けができるのです。大義名分なくお金儲けを第一に掲げる会社や人は、一時はよくても長くはもたないものです。

「お金儲けができない＝無能」とまで言う華僑も、表立ってお金お金とは言いません。

ボスは口癖のように「人の役に立つのが何よりうれしい」と言っていますし、132ページで紹介した和包丁のKにしても、「いい包丁を使ってもっといい料理を作ってほしい」と思いを語ります。もちろん私のビジネスもすべて社会や人の役に立つことです。きれいごとを言っているだけではないのです。

「人を集める役割」を担うのがベター

ビジネスで成功したお金持ちは、大義名分の大切さを知っています。守銭奴のようには見られたくない。あまりお金お金と言えば遠ざけられてしまうかもしれません。お金持ちにお金儲けのノウハウを教えてもらうには、まず大義名分を用意することです。

「あなたを儲けさせます」ではなく、「あなたのビジネスは社会のためになる素晴らしいことだから、もっと広げましょう」ですね。

その上で、自分がどんな役割を果たせるのかを提示しましょう。

自分の役割を考える時、自分の能力や経験にのみ目がいきがちですが、人を使うことも考えてください。

大義名分を実行するために何をする人が必要か。それを考えて人を集めてくることができれば、お金持ちも乗り気になってお金儲けのノウハウを教えてくれるでしょう。

お金持ちに使ってもらおう

——華僑はタダ働きを喜ぶ

お金持ちから学ぶと言った時、多くの人は「座学」をイメージするようです。向かい合ってお金持ちの話を聞き、熱心に語りあう。そんなシーンを思い浮かべるのですね。楽しそうですが、口を動かすだけではお金持ちにはなれません。動かすべきは手足です。それもまずはお金持ちのために手足を動かしてください。

あなたは仕事に自信がありますか？　「自信」ですから誰かと比較する必要はありません。まずはあなたがどう思うかです。

自信があるなら、どんどん「お金持ちに自分を使ってもらって」ください。「教えてもらう」より「使ってもらう」ほうが、いろいろなメリットを得ることができるからです。

使ってもらえたら一石二鳥

まだお金持ちになっていない華僑は「お金持ちに使ってもらう」チャンスを積極的に探します。

労働の対価を得るためではありません。自分の価値を周囲に示すためです。

「自分はできる」といくら言って回ったところで実績が乏しければ信じてはもらえません。できることを証明するために、レベルの高いお金持ちに使ってもらい、利用価値があるという評価を手に入れるのです。

使われて役に立てば、次はもっとレベルの高い人に使ってもらえます。そうやって自分の実績と価値をどんどん上げていくわけです。実績を作り、周囲に知らしめることが目的ですから、タダ働きでも喜んで手足を動かします。

また、お金持ちの仕事を手伝えば、お金持ちのノウハウを実践的に身につけることができます。一石二鳥ですね。

自信がある人こそ使われるが得

「自信があるからこそタダでも使われたい」

日本人でこの発想をもつ人に、私はまだ出会ったことがありません。

自信がある人ほどタダで使われるなんて嫌だと考えるものです。自分への評価が低い、給料が安いと会社に対して不満をもつ人も多いのではないでしょうか。

自信があるならぜひ華僑的合理思考を取り入れて、自分の価値を周囲に知らしめてください。使われることで本当の実力も分かります。

会社員に当てはめてみましょう。

まず、使われるべきレベルの高い人は誰か。163ページで述べた「上司」がそれに当たるかもしれません。自分がヒラ社員なら部長クラス以上の上司ですね。部長に使ってもらえれば、「部長が使うレベルの仕事ができる」という客観的な評価を得ることができます。

直属の上司を飛び越したアプローチが無理であれば、社外の人に使ってもらう手もあります。取引先のなるべく上の人に使ってもらうのです。

社外の人に使われるのなら、大口の受注を取るためなど何とでも言えるでしょう。使い走りをさせられているなどと陰口をたたかれても、たたかせておけばよいのです。社外で「あいつはできる」との評判が立てば、社内での評価もアップします。また、有利な条件での転職につながるかもしれません。

使えない人は、誰も使いたがりません。

「タダでいいから使ってくれ」と言われても、ミスをされたらまさしく「タダより高いものはない」状態になってしまいますので。

では、冒頭の質問で「自信がない」と答えた人は、お金持ちに使ってもらえないのでしょうか？　次ページでは「自信がない人がお金持ちに使ってもらう手段」をお伝えします。

出世払いで大きく返そう
——華僑は借用書を作る

自分の能力やスキルに自信がない。その場合は誠意を示して、相手の好意で使ってもらうしかありません。

「タダでいいので使ってください」は上から目線なのでダメです。

正解は「出世払いで必ずお返ししますので、仕事のチャンスをください」。

まずチャンスを与えてもらい、そこで力をつけて、しっかりと返す。まずは相手から借りることが重要なのです。

「上の人に借りを作る」華僑流の成功術は、これまでにもブログや本などで紹介してきました。

簡単にまとめます。

下の人が上の人に貸しを作ることはなかなかできないが、借りることはできる。だからまずは上の人に借りを作る。「借りたら返す」という常識を口実として、返しながら付き合いを継続していく。

上の人と付き合ってもらうための人脈術ですね。これはお金持ちに使ってもらいたい場合にも活かせます。

どう考えても、今相手に差し出すメリットがない場合は、無理をせず、まず「お願い」して借りを作ればよいのです。

お金持ちは借りたい人を歓迎する

実際に華僑はあちこちに借りを作っています。

お金持ちにはお金や仕事や人脈を借り、権力者にはさまざまな力を借りる。

もちろん返すわけですが、ちょこちょこと小さく返し続ける場合もあるし、何年も経って力をつけてからどんとまとめて返す場合もあります。

いずれも借りた分より多く返すのが暗黙の了解となっています。

貸すほうも、自分が困ったときに助けてもらえる（想定外を想定内にしておく）との計算があるので、借りたい人は大歓迎です。そして、すぐに返してもらうより出世払いで大きく返してもらいたいと考えています。投資感覚ですね。

日本でも、気概のある若者に投資して出世払いを楽しみにしているお金持ちは少なくないでしょう。僭越《せんえつ》ながら私も、起業して頑張りたいという後輩に投資することがあります。

使ってもらう口実として借用書を作る

助け合いの文化が根づく華僑社会では、貸し借りのない人間関係などないと言っても過言ではありません。

そんなに借りたり貸したりすれば忘れてしまいそうなものですが、宋が言うには「借用書を作る」と。なるほどですね。

しかしお金はともかく、力を借りる場合にはどんな借用書を作るのか？　よく聞いてみれば、紙の借用書ではなく「心に借用書を書いておく」という意味でした（華僑および中国人は記憶力抜群なのです)。

華僑は心の借用書のやりとりをしますが、日本人同士なら実際に借用書を作るのもよいと思います。その借用書を「自分を使ってもらう口実」にすればよいのです。例えば回数券のような借用カードを作り、それでいつでも自分を使ってくださいとお願いするなどですね。

自信がない人は、まず使ってもらうことからスタートです。使ってもらいながら実力をつけ、自信をつけ、出世払いで大きく返しましょう。

生真面目な日本人は借りを作ることに抵抗を感じますが、その分、借りたら返す責任感も強いと言えます。借りてしまえば、返さなければならないことが成長の原動力になるはずです。

ターゲットは一人に絞ろう

——華僑は爪を隠す

お金持ちに使ってもらうといっても、いきなり実際のビジネスで使ってもらうのはハードルが高いです。私のように会社を辞めて弟子入りすれば別ですが、勤めながらであれば、時間的な調整も必要になってきます。

最初は面接期間と考えて、できることから手足を使いましょう。何ができるかですが、まずお金持ちの周りや後ろをよく見てください。どんな生活をしていて、どんな家族や友だちがいるか。

「本人だけを見ても分からない。背後も見ろ」

人を見る時のボスの教えです。

賢い人は、人の後ろを見て後ろで働く

華僑は本当に人をよく見ていますし、しかも動きが速い。

上司の両親が欲しがっているものを知れば、すぐに買って持って行きます。上司の奥さんが忙しくて子どもの塾の送り迎えができないと聞けば、上司の代わりに車を出します。上司の友だちが旅行に行くと聞けば、そこへ行ったことのある知り合いから情報を集めて教えてあげます。

これらは、やろうと思えば誰でもできることです。能力の差は関係ありません。動くかどうか、それだけです。

ただ、賢い人はどれだけ動いても自分の働きをアピールしません。すべて上司の手柄にするのです。

上司本人の手伝いをするだけでは「お疲れさん」程度ですぐに忘れられてしまいます。しかし上司の家族や友だちのために動き、しかもそれを上司の手柄にすれば、大変感謝されて忘れられることもないでしょう。

例えばあなたの先生であるお金持ちが、レアチケットを欲しがっているとします。それを知ったあなたは、徹夜で並んでチケットを手に入れることにしました。その時、先生の分だけではなく友だちの分も取ってあげて、それを先生の手柄にしてあげる。そういうことですね。

ここでさらに評価をアップさせたいなら「徹夜で並んで苦労して手に入れた」とアピールしてはいけません。何も言わずにさらっと渡せば、「忙しいのにどうやって手に入れたんだろう？　すごい奴だな」となるわけです。

華僑はこのようにしてお金持ちから「使える奴」との評価を得て、どんどん上っていくのです。華僑の常識でいえば「全部見せない人が賢い」。まさしく「能ある鷹は爪を隠す」ですね。

賢い人は、お金持ちの人脈を直接狙わない

また、「自分がたくさん人脈をもつ必要はない」というのもボスの教えです。

お金持ちの背後の人のために働いて役に立っても、背後の人と直接つながろうと欲

張ってはいけません。その人があなたの先生よりお金持ちでもです。

ターゲットはあくまでも先生一人だけ。先生とつながっておけば、先生の背後の人とはいつでもつながれます。

たくさんのお金持ちと付き合いたいと欲張れば力が分散してしまい、結局何も得ることはできません。下手をすれば信頼も失ってしまいます。

それよりも一人のお金持ちに集中し、アピールをせずに認めてもらい、お金持ち自ら人脈を使わせてくれるのを待ちましょう。

とにかく爪は隠しておくことですね。

第6章

お金で安心・安全を買う

副業ではなく「複業」をしよう

――華僑はいろいろな顔を持っている

いよいよ最終章、華僑のお金術の本番です。ここまでのほとんどは、日常的なお金を投資に変えるお金術でした。そのすべてを駆使して、安心・安全を買うお金術にチャレンジしていただきたいと思います。

「華僑のお金術」の要はリスクヘッジです。想定外をなくして想定内にすることですね。収入のラインが1本しかないのは大変リスクが高い。その1本が切れることを恐れている人は多いでしょう。

そこで手軽に収入のラインを増やす方法として人気なのが「副業」です。

しかし華僑は副業はしません。「正（本業）」「副（本業以外）」の副業は時給労働者として時間に追われ、どちらもうまくいかず共倒れになるリスクが高いからです。

「複業」とは、自分の中に総合商社を作ること

華僑がやっているのは「複業」です。文字通り、複数のビジネスを同時に手掛けているのです。「複業」にもメインのビジネスはありますが、「本業」＋「本業以外」ではなく、いわば「総合商社」。メインのビジネスを中心として、その周りに大小さまざまな種類のビジネスが配置されているイメージです。

周りのビジネスは失敗してもよいのです。複数やっていればほかでカバーできるし、メインがしっかりしていれば恐れることはありません。

ある華僑はリサイクルの会社をメインとして、飲食業や旅行業、貿易その他を手掛けています。

勤め人の華僑も会社の仕事をメインとして、ほかに自分のビジネスをもっています。ある程度人に任せられる不動産の賃貸は大人気ですし、友人と組んで店を営むなど、儲かる可能性のあることは何でもやっています。

私は、自分および自分の会社を「小さな総合商社」と呼んでいます。メインはサラリーマン時代からの医療機器分野で、「医療機器メーカーのオーナー」という肩書を使うことが多いですが（クリーンなイメージでウケがよいからです）、ほかにも多種多様なビジネスをしています。

複業する中でうまくいかずにやめたものもありますし、赤字でも置いているビジネスもあります。赤字が出続けるビジネスは切ったほうがよいのですが、将来性があるなら黒字部門で補えばよいのです。すべてならせば潰れない、それが総合商社です。ビジネス書の執筆やセミナー講師などは、それ単体では儲からないし、私個人の負荷も大きいのですが、私のビジネス全体に好影響をもたらしています。複数のビジネスをつなぐ複合化・複線化に役立っているわけです。

複業と言われても思いつかないなあ、という人は、私のようにまず本業つながりから始めるのもよいし、自分の経験や知識をコンテンツとして出していき、そこから広げるのもありです。総合商社ですから何でもありなのです。

「本業がダメだから副業」が最もリスキー

「複業」は、本業に自信のある人におすすめします。メインのビジネスに自信がなければ総合商社は作れないからです。

ボスから弟子入りを断られ続けた2年間、よく言われたことがあります。

「会社の看板で仕事して給料もらって、会社を儲けさせられない奴が、自分でビジネスやってうまくいくはずがない」

その意味でいちばんダメなのは「出世は難しそうだから副業をして収入を増やそう」という考えです。

そういう人の話を聞くと、たいてい会社の仕事がうまくいっていないとか、自分に合っていないとか、何らか本業に不満や問題を抱えています。リストラされたら困るので、という理由もよく聞きます。本業に自信がないからリスクヘッジとして副業が必要だというわけですね。

しかし本業でしっかりお金を稼げない人がほかに手を出すのは逆にリスキーなのです。もともと本業に身が入っていないのですから、副業なんてするとさらに本業が手抜きになり、リストラの危険性が高まるのは必至。

本業に自信がない人こそ、まず本業で活躍して自信をつける道を探すことです。

昼は労働者、夜は資本家

「副業」か「複業」かの分かれ目は、「バイト」か「経営者」かです。

これは私のパートナーである宋による分析です。

副業は本業に上乗せするもの。「本業の給料では足りないからもっと働こう」という考え方で、その結果、時給労働者になる。

複業は「本業で得たお金を投資して資本効率を上げてリターンを得よう」という考え方。資本家になるわけですね。

会社勤めをしながら複業をしている華僑は、会社を出れば労働者から資本家に変身するのだと宋は言います。

そう考えれば「やりたいけど時間がない」という、副業ではよくある悩みも解決します。資本家はプレーヤーではありません。人を使ってなんぼです。

自分が詳しい分野・得意な分野であれば、配偶者や兄弟姉妹、親、親戚など、身内に作業をしてもらうのもよいでしょう。自信のあることなら出資してもらえる可能性も高いです。

身内の場合は何よりもトラブルがネックになりますが、自分が詳しい分野であればあまり心配はいりません。自分が教える立場になりますし、自分で作業もできるのでケンカになった時のリスクは少ないといえます。

私も妻子にメルカリやヤフオクなどを教えていますし、兄と共同で新しいビジネスを始める計画もあります。

あまり自信のない分野にチャレンジするなら、他人を雇うか、友人知人でやりたい人をパートナーとして、一緒に勉強しながら進めるのが安全です。

第1章（68ページ）の出世の極意と併せて、メインのビジネスでもどんどん資本効率を上げ、あなたの総合商社を回していってください。

お金に出稼ぎさせよう

――華僑はお金を遊ばせない

あなたは、将来、円高になると思いますか？　円安になると思いますか？

大半の人が「分からない」と言いながら、資産のほぼ全部を円資産で持っています。

「円高になる」と考えるなら、円の資産の中で分散投資。

「円安になる」と考えるなら、外貨の資産に換えておく。円安になると考えているのに円しか持っていないなら、後悔するとともに、考えていることとやっていることが逆ということになります。

「どちらになるか分からない」なら、円資産と円以外の資産の配分を半々にしておかなければ矛盾しますね。

動かないのは最悪。「分からないなら分散」が正解

円高・円安だけではなく、インフレになるかデフレになるかの予想も必要です。インフレを予想するのであれば、インフレに強い実物資産の代表である不動産投資などの研究が必要です。デフレを予測するなら、デフレに強い、現金などの預金を多く持っておくことが必要ですね。

分からないなら、円高・円安の場合と同じように分散しておく必要があります。

円資産の中でも分散は必要です。ひと口に円資産といっても、現金、預金もありますし、国内債券、国内株式、国内不動産など金融資産と実物資産を分けておく必要があります。

ビギナーが買いやすいのは、国内債券や国内株式がセットになった投資信託などです。すでに購入している人も多いと思います。

ただ、日本人の場合、たくさんの種類を買うといった笑い話のようなことが散見されます。投資信託自体がたくさんの銘柄を組み込んでいますので、投資信託は1種類購入すれば十分でしょう。

「世界中が家」の華僑は国が潰れても困らない

海外資産も同じように、いろいろな分散方法があります。現金、預金もそうですし、債券、株式、不動産などがあります。これに楽しさを加えるなら、絵画やコイン投資をするのもよいでしょう。

華僑はこのような分散をごく当たり前のこととしてやっています。

華僑はお金を遊ばせておかず、いろいろなところへ出稼ぎさせているのです。お金だけでなく、兄弟姉妹や子どもなど身内もいろいろな国に分散させています。ですから、どこかで何かがあっても一族が困ることはありません。

世界中にネットワークを持ち世界経済に詳しい華僑は、１００年後を見て先手を打ちます。海外での動きはとてつもなくスピーディーで他の追随を許しません。フィリピン、ベトナム、カンボジアなど、日本で注目され始めた頃には、いちばんオイシイところは全部華僑がかっさらっているほどです。

「我々は世界中が家」。この言葉がすべてを物語っていますね。

世界中がつながっている現代において、一国の中央銀行や政府が円安（自国通貨安）にしたいと思っても、そのようになるとは限りませんが、本書を執筆時点（２０１６年2月）では政府と日銀の意向で、政権が変わる前よりも円安が進みました。現政権下では、円安と株高が連動しているので、そのあたりのリスクヘッジはとても大切ですね。

最低限必要なお金を算出しよう

——華僑は挑戦する

華僑がやっているビジネスや投資はさまざまですが、お金持ちのレベルによってお決まりのパターンがあります。

【低レベル】 まだ貧乏な華僑のお決まりの就労先は、中華料理店かリサイクル業者。昼も夜もなく働いてビジネス資金を作ります。初めは雇われの身でもノウハウを身につけたら起業する、そこが日本人と大きく異なるポイントです。

【中レベル】「お金持ちになる途中」の華僑の間で流行っているのが、日本車の中古車販売。中でも8人乗りのワンボックスカーは中国人旅行客を案内するツアーガイドに大人気です（バス不足の解消に一役買っています）。リーダーシップのある人は、ワンボックスカーの所有者を複数集めて手配を仕切っています。

【高レベル】お金持ちの華僑はほぼ100％不動産投資をしています。価値の変動が少なく、それほど儲からなくても資産として残り、もし価値が下がっても自分が住めるからです。日本人はマイホームの購入が先ですが、華僑は投資用物件の購入を優先します。所有物件の家賃収入を得ながら自分は賃貸住宅に住むパターンが多いです。

華僑のサラリーマンは会社に依存しない

投資については、基本的に「一か八か」の勝負はしません。FXで何倍ものレバレッジをかけるなどギャンブル的な投資をするのは、お金が余っているお金持ちだけです。

低リスクの不動産投資は、中程度の頃から始めるケースが多く、ローンを組んで500万円前後の単身者向け中古物件を購入します。完済した時点でそれを担保に次の物件を購入するケースもありますし、キャピタルゲインが取れる場合は途中で転売することもあります。

会社勤めの人もこうしたできる範囲の投資をしていますが、不動産投資や金融投資には「複業」で得たお金を回すのが華僑の定石です。そして少しずつ不労所得に近い収入を増やしていき、会社に依存しない生活を実現します。

お金持ちになる前にリスクを取る

解説が長くなりましたが、当たり前のように起業や投資をする華僑は、日本人と比べてチャレンジャーだと思いませんか。そうです。リスクヘッジが重要と言いながら慎重な日本人よりも、リスクを恐れず挑戦するのです。

失うものが少ない時にリスクを取ることで、結果的に「人生の想定外」をなくすことに成功しているといえます。

この姿勢は見習いたいですね。

華僑は「お金がない」という言い訳はしません。第1章（46ページ）を読み返してみてください。お金持ちになるまでは最小限の生活をして、チャレンジするわけです。

ここで、チャレンジに使うお金を算出する華僑流の計算式を紹介します。

【今あるお金】－【最低限必要な生活費の2年分】＝【チャレンジのお金】

今800万円のお金があり、1年間の生活に300万円必要（2年で600万円必要）だとすれば、残りの200万円はチャレンジに使ってもよいお金。消えてもよいお金だと考えるのです。最悪消えても2年間は食べていけるので、その間にまた稼げばよいということですね。

あくまでも目安ではありますが、チャレンジするといってもギャンブル的ではなく合理的に考えているのが華僑らしい。納得した方は参考にしてはいかがでしょうか。

一緒に儲ける仲間を募ろう

——華僑は単独でビジネスをしない

華僑がビジネスや投資に積極的にチャレンジするバックグラウンドとして、「一人でやる」前提がないことも挙げられます。

人と組む、他力を使う。これまでにも何度か出てきた華僑の基本的な成功法則です。一人では難しく感じることやスケールが小さくなってしまうことも、友だちや身内などを誘って何人かでやれば可能性がどんと広がるのです。

人と組むのは足し算ではなく掛け算

知り合いの華僑は、二人で不動産会社を作りました。二人とも30代後半で妻子あり。もともとは貧しい家の出身です。

一緒に起業した二人は、ＩＰカードやインターネット回線の代理店などからスタートして、５年前に不動産会社を設立。そこから一人が独立し、現在、もう一人の華僑を加えた三人で大阪にホテルを建設しています。また一方では、社員寮を購入して中国から来る研修生向けにレンタルしています。

そんな二人は今、高級車に乗り家賃15万円の部屋に住み（やはり自宅は賃貸なのです）相応の貫禄があります。

もちろん、高級車を買ったのは、実家の両親のために故郷に家を建て、親戚にもお裾分けをした後です。30代でそこまではなかなかできませんね。

おそらく、彼らはそれぞれ一人で起業してもそこそこは成功したでしょう。しかし、二人分を合わせても現在の結果に及ばないのは明らか。彼らの結果は相乗作用によるものなのです。

また、大勢でお金を出して一人を応援するというスタイルもあります。

特に中国南部の出身者は「みんなででっかいビジネスをやろう！」「当たったらラッキーだ！」と陽気でパワフル。

そのでっかいビジネスにチャレンジするのは代表者一人だけで、あとのみんなはお金を出してフォローします。みんなで年末ジャンボ宝くじを買うような感覚ですね。しかも、うまくいかなくても一人を責めず、またみんなでお金を出してフォローするのです。

会社員のまま投資や他のビジネスをする方法

一人を立ててみんなでお金を出すスタイルは、日本のサラリーマンにも向いています。サラリーマンの制限（兼業・副業の禁止など）をあまり気にしなくてよいからです。

自分が表に立たないなら、いろいろとチャレンジしたいという人も多いのではないでしょうか？

経営者や個人事業主の友だち、またはリタイアした親など身内を立てて、一人の名前で投資やビジネスをやればよいのです。

副業禁止でも投資はＯＫという会社も多いので、自分の会社がダメでも友だちの会社がＯＫであれば、その友だちの名前でやればよいですね。

事前に全員でルールを取り決めて法的効力のある書面（公正証書など）に記しておけばトラブルも防げます。

また、投資にしてもビジネスにしても、一人でやると感情で突っ走り失敗する恐れがありますが、みんなでやれば誰かが暴走しそうになってもほかが止めます。みんなの意見を総合して冷静に判断できるわけですね。

公的年金が頼りにならない時代、「みんなで自分たちの年金を作ろう」と呼びかけて安全・安心を買う仲間を集めてはいかがでしょうか。

中国語の学習に投資しよう

——華僑は青田買いをする

リスクヘッジとしての投資でいちばん確実かつリターンが大きいのは、学習への投資ではないでしょうか。キャリア・収入面でのブレイクスルーの武器となるのはもちろん、身につけた知識やスキルは一生消えません。

ただし、学習への投資は、対象を間違えると実質利益ゼロということもあり得ます。お金だけでなく時間も投入するわけですから、しっかりと見極めねばなりません。

大切なのは、これからの時代を読むことですね。当然、日本だけを見ていては読み違えます。

現在グローバル化の影響を直接的に感じていない人も、かなり近い将来にそれこそ「想定外」にびっくりすることになるかもしれません。

そういう意味でも、華僑に注目したあなたは、先見の明があるといえます。

グローバル人材の先駆けであり世界経済を牽引する華僑は、青田買いから活路を拓いてきました。常に先を行く華僑の動きは、これから世界がどう変わっていくのかの指標の一つになるのです。

一般企業で中国語が飛び交う日を想定内に

では今投資するべき学びの対象は何かといえば、絶対に損はないといえるのが「中国語」です。ひと昔前までは当然「英語」でしたが、経済の中心は確実に欧米からアジアへと移っています。

投資家のジム・ロジャーズが「次は中国だ、アジアの時代だ」と、シンガポールへ移住したのは２００７年。娘さんに中国語を習わせているという話も有名ですね。

エリートの世界でも、昔はワシントンやニューヨークへの転勤が出世コース確実と言われていましたが、今は上海、シンガポールです。

日本人からすれば「英語もできないのに中国語なんて」と思うかもしれません。しかし、今まで英語不要で通用してきた人も、中国語ができないと困ることになる可能性は高いです。

なぜなら、中国企業による日本企業の買収が進んでいるからです。最初は製造業中心でしたが、最近は小売業やサービス業などへの進出も目立ち始めています。また、大企業のみならず中小企業もターゲットになっています。

ある日突然、トップや上司が中国人になるといった事態に直面することも十分にあり得るのです。

もちろん、英語も中国語もできるに越したことはありませんが、英語は学んでいる人口が多いので、今から学習するなら中国語を身につけたほうが有利といえます（中国人は英語が分かる人も多いですが、皆が流暢に話すレベルではありません。私の経験上、英語での商談はけっこう難しいです）。

エリートと同じ土俵で勝負しないのが得策

ビジネスや人間関係の考え方も、欧米とアジアではまるっきり違います。

日本人の大半、特に学歴エリートはアメリカ発のビジネスメソッドを学び、それに基づいて動いています。エリートと同じ土俵で戦ってもしょせん勝てませんので、東洋思想をベースとする華僑や中国人の考え方を知っておくことは、今後のキャリアに役立つでしょう。

あなたがエリートなら別ですが、私はエリートではありませんので、以前から学歴エリートと同じ土俵は避けてきました。

私がユダヤ人ではなく華僑を師に選んだのも、ユダヤ人のメソッドが通用するのは欧米的なエリートの世界だからです。

とはいえ華僑にエリートがいないわけではなく、自分はどうであれ、子どもの教育への熱意はすさまじいものがあります。10代のうちに勝負は決まる、つまり自分の老後も決まると。そういうわけで華僑がいちばんお金を投じているのは、子どもの教育費かもしれません。

「生き方のポートフォリオ」を作ろう

——華僑は何事も決めつけない

合理的でありながら理屈ではないのが、華僑の強さだと私は思います。ひと言でいえば「決めつけないこと」。それを表す二つのことわざを紹介しましょう。

条条大路通罗马

意味は、どんな道を行ってもゴールにたどり着ける。「どんな方法でも目的にはたどり着けるのだから、必ずこうだ、これしかない、とこだわらないこと」

人不能在一棵樹上吊死

こちらの意味は、死ぬなら一つの木の上で死ぬな。

「行き詰まった状態でも、一つのことに固執してはいけないということ」

（首吊り自殺をしようとした人が一本の木に何度もロープをかけようと試みるのを見て、周囲の人がほかにも木はあるぞと囃している様子だそうです）

複数の選択肢の束＝人生のポートフォリオ

先読みしてリスクヘッジをすることはもちろん大事。しかし想定通りにならなくても落ち込む必要はないのですね。

例えば子どもの受験がダメだったとしても、それでその子の人生が終わるわけではありません。

もしあなたがリストラなどで仕事を失ったとしても、お金を失ったとしても、それであなたの人生が終わるわけではありません。

ボスは「人間は最後が大事」と言います。成功で終われば途中がどうであれ尊敬される。尊敬する人として子孫に語り継がれるということです。

途中はいくらでも修正できますので、これしかないと決めつけず、さっさと切り替えて別の選択をするべきですね。

そんな華僑の生き方は、生き方そのものがポートフォリオのようなもの。

ポートフォリオ（資産構成）とは組み合わせのことなので、複数の選択肢の束とも言えます。家族、友だち、仲間、仕事、お客さん、先生などいろいろな人との組み合わせを大切にすることによって、束が太くなり強くなっていきます。

組み合わせの選択肢の一つ一つに使うお金が、華僑にとっての「生き金」なのです。

華僑の頭の中では地球儀が回っている

最後に、宋の比喩が非常に面白かったので紹介しましょう。

「華僑の頭は地球儀」

地球上の国々にはいろいろな人がいます。いろいろな会社、いろいろな職業、いろいろな考え方、いろいろな出来事。

それらはすべて、自分に無関係ではない。遠い国の政治家など直接関係のない人、直接影響のない出来事も含めて、世界と自分は連動している。そう考える（考えるというかそういう感覚で生きている）華僑の頭は、地球儀だと言うのです。

それはそれはスケールが大きい。人生のポートフォリオも地球規模です。

その中には、人生を諦めるという選択肢はありません。ですから人生に豊かさと達成感をもたらすお金も諦めません。

華僑と私たち日本人、民族的な性質の違いはあれど、華僑を見ていて日本人にできないことなど、ほぼないと私は思っています。

華僑への興味を通じて世界に目を向け、ぜひ人生の達成感につながるお金を手に入れていただきたい。そのために本書があなたのお役に立てば幸いです。

おわりに

他人と過去は変えられない、自分と未来は変えられる、と言われていますが、「自分と未来を変えるためのお金術」を書かせていただきました。

自分と未来を変えても、暗くてつらい過去や、他人の評価は変えられないのでしょうか？

そんなことはありません。他人と過去も、自分と未来に合わせて変わっていきます。過去（今まで）があまり評価されていなかったとしても、これからの自分（未来）が変われば、その評価さえも変わります。

今までどん底でお金に窮していたとしても、華僑のお金術を使って、お金を作っていくことができたなら、

「過去は大変苦労されたけれど、それを糧にしてお金を持つことに成功されたのですね」

という評価に、暗くてつらかった過去も称賛に変わります。

私自身も昔は、誇れる学歴もなく（母校に誇りはありますが、高校、大学といずれもスポーツ推薦で入ったため）社会人になり、勤めを2、3社経験しましたが、昇進街道まっしぐらとは正反対、とまでは言いませんが、勤めた会社の決して本流ではないサラリーマン時代を送ってきました。

お金に関しても、勤め先が上場企業や有名企業ではなかったので給料も世間並み以下（30歳そこそこで辞めてしまったので、給料が上がり出すタイミングを経験したことがありません）。しかもお金の使い方を知らず、いつも財布がお寒い状態で、銀行口座の残高は常にギリギリの暮らしをしていました。ですが、華僑流を学んだおかげで、今では、「お金儲けがうまい」ことの代名詞である「華僑流」をテーマにした著作を3冊も刊行するまでになりました。

他人からの評価も、同じように変えることができるのです。

今は中国国内で中国人と会う時以外はお酒をやめてしまいましたが、昔はお金があまり入っていない財布を振り絞って、お酒が弱いのにたくさん飲んでいました。

当然、周囲からの評価も芳しいものではありませんでした。

ですが、華僑のお金術をマスターしてからは、当時を知る人たちの反応が以前とはまるで違います。

「昔は酒グセが悪くて、金払いもよくなかったけど、今から考えるとダイのお金の使い方がいちばん正しい、ということがわかったよ」と言われるようになっています。

私のお金の使い方は、華僑たちに学んでから本当に変わりました。そのことは本書でも書かせていただきましたが、昔から正しかったわけではありません。

未来と自分が変われば、過去と他人の評価が変わる、のです。


現代社会では、日々頻繁にお金のやりとりが行われています。

この日々のルーティンをいかに極めるか、マスターすることができるかは、お金以外の幸せ度にも大きく影響します。

何も大金持ちになりましょう、という提案をしているわけではありません。

お金使いのマイスターになれば、それに付随する交換行為のさまざまな事象で優位に立てる場面は枚挙にいとまがありません。お金をしっかりと理解して、増やす力、守る力、使う力の３つのお金術が身につけば、人付き合いにしても、恋愛にしても、仕事にしても、教育にしても怖いものはありません。

お金と異性関係はよく似ている、と言う人もいます。確かにそのような部分もあるかもしれません。

「追いかければ逃げられる、逃げれば追いかけられる」

華僑のお金術をマスターすれば、お金のほうが「ついてくる」という感覚になります。これは多くの華僑たちの証言からも明らかです。

お金は人間が編み出した、最高に便利でもあり、扱いが難しいものでもあります。この便利でもあり、扱いが難しいお金を生み出したのは、私たち人間です。

将来どのような科学の発展があるかは分かりませんが、今現在は、人間が作り出したもので人間に勝てるものはありません。

なぜなら、その人間が作り出したものに指令を出しているのが人間自身だからです。

日本の教育は、家庭でも学校でもお金について熱心に教える人が少ないばかりか、何かよくないもののような扱いをする人も少なくありません。

華僑たちにとって、お金は善です。親孝行するにも、子どもの教育をするにも、ビジネスを繁栄継続させるためにも、お金は絶対に必要なものです。

国同士の大きな問題も、宗教上のものを除けば、根底にはお金の争いがあり、お金で解決しています。国家でさえ、お金の問題を避けて通ることはできないのです。いえむしろ、国家はお金の使い道（税金の使い道）で、政治が動いたり行政が動いたりします。お金を避けて生きていくことはできない世の中なのです。

今までお金の教育を受けてきていない人からすれば、お金お金と言うと、何かとても複雑な気持ちになることもよく理解できます。

この本をお読みいただいた皆様には、華僑のお金術を身につけ、お金のコントロール方法をぜひとも身につけていただきたい、と切に願っています。

今、お金は大量に流通しています。財布に入っているお金、銀行口座に入っているお金を使うことで、一時的に自分の手元から離れることもあるでしょう。でも、それはあくまで一時的に手元から離れただけです。

華僑流お金術を使えば、人間関係と同じように、お金は大きくなって、そしてたくさんの仲間を連れてあなたのもとに戻ってきます。

華僑のお金術は、今の日本人にこそ必要なものだと心の底から思っています。

この華僑のお金術を世に広める機会をくださった方々に、この場をお借りしてお礼を申し上げます。不肖大城太を弟子にしてくださった華僑大富豪のボス。執筆に協力してくれたビジネスパートナーであり弟分の宋超。弊社メディアポート。編集を担当してくださった集英社の藤井真也編集長、ありがとうございます。

そして、最後にはなりましたが、本書を手に取ってくださった読者の皆様、ありがとうございます。皆様の人生にたくさんの幸せが、そして満ち足りたお金が舞い込んでくることを祈願して、筆をおかせていただきます。

大城　太

Information

著者主催・華僑の教えを学ぶ「知行塾」のお知らせ

本書に登場する大物華僑（ボス）が顧問を務め、著者・大城 太のリードで実践的に華僑の教えを学ぶ「知行塾（ちこうじゅく）」。募集情報などを下記のWebサイトでご覧いただけます。

「知行塾」インフォメーションサイト

http://chinankoui.com/info

〈お問い合わせ先〉

Mediaport（株式会社前仲原物産メディア事業部）
email : chikoujuku@mediaport.biz
tel : 06-6459-9298
〒532-0011 大阪府大阪市淀川区西中島5-7-19 第7新大阪ビル8階

デザイン　村沢尚美（NAOMI DESIGN AGENCY）
取材協力　宋 超
構成　Mediaport
企画協力　松尾昭仁（ネクストサービス株式会社）

大城《おおしろ》 太《だい》

Dai Ohshiro

アジアでビジネスを展開する6社の代表。ビジネス投資家、不動産投資家、医療法人理事など活躍の場は多岐にわたる。学生時代から「社長になってベンツに乗る」という目標を掲げ、外資系保険会社、医療機器メーカーで営業スキルを磨いた後、独立・起業。起業にあたりお金儲けを学ぶため、華僑社会では知らない者はいないと言われる大物華僑に師事。厳しい修業を積みながら、日本人唯一の弟子として「門外不出」の成功術を直伝される。独立後、医療機器販売会社を設立。社長1人アルバイト1人で初年度より年商1億円を達成。その後、若き華僑のビジネスパートナーを得て医療機器メーカーを設立。現在は実業のかたわら、華僑の教えを学び実践する「知行塾」を主宰。ビジネス書やビジネスコラムの執筆にも精力的に取り組み、日本人離れしたグローバルかつ独自の視点で注目を集めている。著書に、『一生お金に困らない「華僑」の思考法則』『失敗のしようがない 華僑の起業ノート』（ともに日本実業出版社刊）がある。

世界最強《せかいさいきょう》！華僑《かきょう》のお金術《かねじゅつ》

お金《かね》を増《ふ》やす「使《つか》い方《かた》」の極意《ごくい》

2016年4月30日　第1刷発行

著者　大城《おおしろ》 太《だい》

発行者　加藤 潤

発行所　株式会社 集英社
〒101-8050 東京都千代田区一ツ橋2-5-10
編集部：03-3230-6068
読者係：03-3230-6080
販売部：03-3230-6393（書店専用）

印刷所　図書印刷株式会社

製本所　ナショナル製本協同組合

集英社ビジネス書公式ウェブサイト　http://buisiness.shueisha.co.jp/
集英社ビジネス書公式Twitter　http://twitter.com/s_bizbooks (@s_bizbooks)
集英社ビジネス書FACEBOOKページ　https://www.facebook.com/s.bizbooks

ISBN 978-4-08-786064-1 C0033